JN206471

ブラックユニオン

ブラック企業アナリスト　新田　龍

青林堂

まえがき

「労働者側」を批判する度に叩かれる。

私はコンサルティング会社を経営する傍ら、10年以上前から「ブラック企業アナリスト」を名乗り、私利私欲のために違法状態を放置し、劣悪環境での労働を従業員に強いるブラック企業を名指しで批判してきた。

お蔭様で当初より各種メディアで発言機会を頂き、これまで数多くの反響と賛同のご意見を頂戴してきた。…ただし共感頂けるのは、「個別企業」、「特定業界の構造問題」、「悪意ある顧客」を批判した場合のみだ。では「ダメな労働者」を批判するとどうなるか。「それは、労働者の多様性に配慮できなかった経営者の能力不足だ！」「彼らが満足して働けるだけの待遇や環境を用意できなかった会社の問題だ！」と、なぜか責任は経営者や会社に転嫁されてしまうのだ。それに対して私が「いや、給料をもらって働いている以上、サボってロクに仕事をしなかったり、周囲のメンバーとトラブルを起こしたりする社員の側にも責任はあるだろう」と返すと、「搾取される弱い立場の労働者に自己責任を求めるのか⁉」「お前のその主張こそがブラックだ‼」などと批判されてしまう。

ルールを守らずに社会や従業員に迷惑をかけるブラック企業が存在するのと同様、モラル意識も低くやるべきこともやらず、権利ばかりを主張する「ブラック社員」も当然相当数いるはずなのだが、なぜか「労働者批判」はタブーのようである。世の中の働く人の大部分は労働者側のため、自分のことを悪く言われていると感じてしまうのかもしれない。

ただ、ここで私が批判する「ダメな労働者」とは、相対的に能力が低いとか、頑張ってはいるがなかなか成果が挙げられない、といった類のものではない。そもそも組織に貢献する気がなく、遅刻や欠勤が常態化し、業務時間中でもゲームに興じ、セクハラやパワハラを悪気なくやってしまうようなタイプの「問題社員」のことである。労働力不足が確実となってしまったこれからの日本においては、ブラック企業問題以上に、この種のブラック社員の問題にも向き合わないといけなくなるだろう。

「問題社員に限って、権利主張が強すぎる」と感じられたことはないだろうか。私自身は法律上の労働者の権利を広く伝え、遠慮せずに行使するよう触れ回っている側の人間なのだが、その私でさえも、度が過ぎると感じるケースはよく見聞きしている。彼らの共通点は、自身の問題点について指摘を受けても「知らなかった」「教えない上司が悪い」「仕組みがなっていない会社の問題」「生まれた時代が悪い」「政治が腐敗している」…という具合に、自分は何も悪くない、責任は全て自分以外のどこかにあるという「他責思考」であるということだ。それでは単なるクレーマーと変わらないし、全てを会社や社会の責任にするだけでは結局何もできない人になってしまうだろう。

さて、本書はごく一部の悪質な労働組合の実態を暴くものである。そもそもブラック企業が幅を利かせる世の中において、労働組合の力は環境改善のために必須であり、個別企業の枠組を超えて力を結集できる合同労組＝ユニオンの発言力、紛争解決力も増している。非正規雇用者の割合が約4割にのぼる現在、彼らにとって労働問題の解決手段としてのユニオンは実に頼りがいのある、頼もしい存在なのだ。

しかしそんな真っ当なユニオンの中に、自分達の名を自分達で汚すような、とんでもない悪質な勢力がほんの一部だが存在している。本書では彼らを「ブラックユニオン」と呼び、今まであまりメディアでは語られてこなかった被害事例や問題点を論じている。前段で長々と問題社員について論じてきたのは、まさにこのブラックユニオンの考え方や主張が、他責思考の問題社員と同じだからである。もちろん、きっかけとなった争議先の会社にも問題や課題はあるだろう。ただ、もしかしたら不平不満を漏らしてユニオンに駆け込んだ社員側にも何かしらの原因があったかもしれない。まともなユニオンであれば社員側の心構えや行動も指摘した上で改善を要求するだろうが、ブラックユニオンは全てが会社側の落ち度として、恫喝的な交渉を仕掛け、多額の和解金を得ようと画策するのだ。場合によっては被害者社員の心情や要求も無視して、自分達の利益のために暴走する。まさに「ブラックユニオン」の名に違わない、彼らのありのままの姿を知って頂きたい。そして、恐れることなく彼らと対峙し、キッチリと自社の立場を主張頂くと共に、そもそも彼らに余計な介入を許さない、良好な労働環境を実現されることを祈念している。

目次

第二章　ブラックユニオンの実例　59

第三章　ブラックユニオンからの被害を防ぐための方法　107

第一章

労働組合とユニオン

そもそも労働組合とは

労働組合とは、「労働者が主体となり、自主的に労働条件の改善や地位向上を図ることを目的として組織する団体」と定義されている。これだけを聞くと小難しく感じられるかもしれないが、労働者が２人以上集まれば、誰でも自由に結成できる。会社から承認を得る必要も、どこかの役所に届け出る必要もないのだ。

建前上、「雇用者と労働者は対等の立場」とされているが、実際は当然ながら労働者の方が弱い立場にある。雇用者側は組織として規模も大きく、個人の労働者よりも豊富な資金力を持っていることが多いし、労働者は雇用者から支払われる給与に生活を依存している。何かしらのトラブルがあった場合、雇用者は労働者を解雇することも、給与をカットすることもできてしまう。もちろん法的な縛りはあるので、労働者はそれらを不服として雇用者と争うことはできるが、個人で対応するには非常にハードルが高いことは確かだ。

そこで労働者が団体を組織し、構成員（組合員）の権利を守ろうとするのが労働組合の目的である。具体的には、雇用者に対して交渉して賃上げを要求したり、雇用契約の条件を守らせる要求をしたりする。労働者が団結し、まとまって行動することで、雇用者に対してより対等な立場に立とうとするのである。

この「労働者が団結する権利」＝「労働組合をつくる権利」は憲法で保障されている。

憲法28条（勤労者の団結権）
勤労者の団結する権利及び団体交渉その他の団体行動をする権利は、これを保障する。

さらに労働組合は「労働組合法」という法律でも守られており、正当な組合活動をおこなったことを理由に、雇用者が労働者に不利益な取り扱いをすることを禁じている。たとえば、労働者が不当な配置転換を命令されたり、正当な理由なく解雇を言い渡されたりした場合、個人で会社側と交渉しようとしても、会社が交渉に応じなければ労働者は泣き寝入りせざるを得ない。しかし労働組合が「団体交渉」（組合員個人に代わって雇用者に交渉を申し入れ、状況の改善や不当行為の停止を求める行為。以下「団交」と表記）を申し込んだとなると、会社側は拒否することができない。もし団交を拒否した場合、法律違反（労働組合法第7条2項）となってしまうのだ。

このように、労組が存在するからこそ労働者の権利が守られ、労働環境も長期的に改善していくのだと言える。社会的に大いに意義のある活動をしている団体なのだ。

我が国における労働組合は、ひとつの会社の従業員だけで職種に関係なく構成する「企業別労働組合」が中心だ。この点、産業別や地域別、職種別等で組織される欧州諸国の労働組合とは異なる。そして、各企業別の組合が産業別に集まって上部組織となる連合体（産業別単一労働組合）を結成し、さらにそれらの連合体が集まって全国的連合組織（ナショナルセンター）が組織される。

（1）産業別単一労働組合（単産）
全日本金属産業労働組合協議会（金属）
エンジニアリング産業労働組合協議会（エンジニアリング）
全日本電機・電子・情報関連産業労働組合連合会（電機）
全日本自動車産業労働組合総連合会（自動車）
全国化学労働組合総連合（化学）

全繊維産業労働組合（繊維）
日本新聞労働組合連合（新聞）
情報産業労働組合連合会（情報）
全国建設労働組合総連合（建設）
金融労連（金融）
UIゼンセン同盟（一般）

（2）ナショナルセンター
日本労働組合総連合会（連合）
全国労働組合総連合（全労連）
全国労働組合連絡協議会（全労協）

わが国では明治維新以降、急速な工業化が進んだものの、労働環境や労働者の生活については長らく顧みられることはなかった。1897（明治三十）年に日本初の労働組合が結成されたが、治安警察法によってストライキは違法行為と定められ、労働運動は弾圧され続けた。

ロシア革命後に労働運動も激化するが、運動を危険視する政府側の弾圧も強まった。何しろ、治安維持のために取り締まり対象となっていた博徒《ばくと》に対して、当時の内務大臣が労働運動弾圧の協力要請をおこなったくらいである。

戦後はアメリカ（ＧＨＱ）の民主化政策の一環として労組育成が進められ、労働運動が活発化。１９４６（昭和二十一）年の組織率は約40％、組合員数も約４００万人に及んだ。当時の労働運動は生活条件闘争であり、激しいストライキや暴力行為が伴うこともしばしばであった。

１９５０年代後半からの好景気により、労働運動は労働環境改善、権利闘争へと移っていく。60年代の炭鉱における大規模な争議や高度成長期の賃上げ闘争など、労働者の生活水準が今よりも貧しかった時代においては、労働運動は日本人の生活水準向上に大きく貢献したといえる。しかし同時期、三井三池争議など、激しい労使間の対立において組合側が敗北したことは労使関係の転換点となった。高度経済成長からオイルショックを経て日本経済が安定成長へと移ると、労働運動も自治的な労使交渉を重視し、ストライキなしで自主解決を目指す仕組みが進展。労使関係の安定化が進んだ。

１９８０年代以降、労働組合の組織率は低下している。現在、わが国全体の組織率は約17％だが、うち従業員数1000人以上の大企業における組織率は約44％に対し、100人未満の中小企業ではわずか1％に過ぎない。その要因としてまず挙げられるのは「非正規雇用の増加」だ。

バブル崩壊を経験した日本経済は、従前の「終身雇用」「年功序列」といった日本型安定雇用社会の変革を目指していく。1999（平成十一）年には派遣法が改正され、一部職種を除いて労働者派遣が自由化される。長らく続く不景気によって「就職氷河期」に社会人となることを余儀なくされた若年層を中心に、派遣や契約、フリーターといった非正規雇用の労働者が激増した。結果的に、企業側は団塊世代の正社員雇用を守るために新卒採用を絞り、経営合理化のために非正規雇用を増やすこととなったわけだが、わが国の企業別組合は正社員のみで組織されてきたという歴史的経緯から、当時の多くの労組で非正規雇用者は組織化の対象とならず、彼らが直面している問題への対応も大きく遅れることとなった。雇用形態の多様化は企業側の都合なのだが、「労働者の権利を守るための労組なのに労働者を救済できていない」、「労働条件の悪化に有効な手だてを打てていない」という状況から組合への批判も生まれ、組織率低下の一因となっているといわれている。

労働組合組織率の低下についてはその他にも、「組織率の高い製造業から低いサービス業へと産業構造が変化した」こと、「会社の合併やM＆A等によって統廃合が進み、同時に組合が解散した」こと、「組合がなくても相応の賃金と良好な労働条件を提供できる、好業績の新興企業が増えた」こと、「労働組合が存在することがリストラに悪影響するとして、マイナス判断する投資家」の存在、「社会保障制度の充足」、「業務効率化のプレッシャーによって組合活動に時間を割きにくくなった」こと、さらには一部の現象ではあるが、「労働組合の本来の目的を忘れ、専従職員らが政治活動に力を入れ、組合員が離れていく」といった事象も原因として挙げられよう。

組合にとっては厳しい環境ではあるが、組合の存在価値は依然として大きいものと認識している。特に筆者が専門に関わる、労働環境が劣悪な「ブラック企業」と呼ばれる企業においてはなおさらである。そういった企業はカリスマ的な創業経営者のセンスによって急成長するケースが多いが、権力が強く「ワンマン」状態になることは、経営判断が当たって成長している間は有効だとしても、いざそれが行き過ぎて歪《ひずみ》が生じると、一気に経営危機に陥ってしまうリスクがある。健全な組合の存在は、カリスマ経営者の行き過ぎをたしなめ、適度なブレーキ役となることで健全経営に方向修正できる可能性を持つのだ。実際、介護サービスの「コムスン」（会社解散済）や「すき家」でお馴染みの「ゼンショーＨＤ」は組合を軽視したことで大きな危機に陥ったが、一方で外食大手のワタミは労働環境改善の一環として労働組合を組織したことで今や「ホワイト企業」といわれるまでに改善している。

労働組合法と「労働三権」

労働組合法は、労働基準法、労働関係調整法と並ぶ「労働三法」の一つだが、制定は労基法や日本国憲法よりも古い、１９４５（昭和二十）年だ。「資本家に対抗するために労働力の集団的取引を確保する」「労働組合の結成を妨害することは不当労働行為」といった条文により、労働組合の結成を妨害することは不可能な構造となっている。

また、日本国憲法では労働者の基本的権利が認められており、特に憲法第28条に示された「団結権」「団体交渉権」「団体行動権」は、併せて労働三権と呼ばれる。

団結権は、労働者が雇用者と対等の立場に立って、労働条件などについて交渉するために労働組合をつくる権利と、労働組合に加入する権利を指す。

団体交渉権とは、労働者への不当な取り扱いを改善させたり、労働者の地位向上のために、労働組合が雇用者と交渉する権利だ。交渉の結果は「労働協約」となって労働契約の一部となり、雇用者は、労働協約の内容を実行する義務を負うことになる。

団体行動権は、いわゆる「ストライキ」をおこなう権利。労働者の権利が侵害されたり、雇用者が団体交渉を経ても雇用条件の改善を受け入れなかったりする場合などに、労働組合員が集団で労働を放棄すること等により、会社に再検討を促すためにおこなう。

この憲法および労働組合法の力によって、労働組合から会社側に申し入れた交渉は正当な理由のない限り拒否することができず、組合や組合員に対して会社が不誠実な対応をした場合「不当労働行為」※があったとして、労働委員会に訴え出ることができるのだ。

（※組合加入や、組合活動をおこなったことに対する差別的待遇、組合に加入しないことを条件にした雇用契約締結、組合運動への介入など）

また労働協約を結んだ場合、その基準以下の条件で労働契約を結ぶことはできなくなる。例えば、労働協約に「賞与2ヵ月分支給」との定めがあった場合、その後の採用で「賞与なし」とする契約を結ぶことはできず、労働者は2ヵ月分の賞与を請求できることになる。

すなわち、労組にはこれだけの法的後ろ盾が存在するということだ。

（1）労組加入者

・労働組合法の保護のもとに労働三権（団結権・団体交渉権・団体行動権）が認められる

・会社から不当な扱いを受けた場合、組合を介して団体交渉ができる。会社は正当な理由がない限り、団体交渉を拒否できない。また、不当労働行為は労働委員会に訴え出ることもできる

・解雇などの労使問題も、労働委員会に申立ができ、あっせん、調停、仲裁などの手段で迅速に解決できる

（2）労組非加入者

・個人でばらばらに労働三権を主張しても、労働組合法の対象外のため認められない

・会社から不当な扱いを受け、話し合いを求めても、会社はそれを拒否することができる

・解雇等の労使問題は、あっせんや労働審判、民事調停、もしくは訴訟の争いになる

ユニオン（合同労組）とは

勤めている会社と何かしらのトラブルになった場合、社員が駆け込む場所といえば「労基署」と相場が決まっていたものだが、昨今はそこに新たな選択肢が加わっているようだ。大手企業とも対等にやりあい、ネットの力も駆使して労働争議をひとつのニュースにしてしまう力をもったところも存在する。それは通称「ユニオン」とも呼ばれる、「合同労働組合」だ。

わが国における労働組合の約9割は、当該企業の従業員でないと加入できない「企業別労組」だが、合同労働組合、すなわちユニオンは同じ労働組合でありながら、労組が存在しない企業の労働者、非正規雇用者（パート、アルバイト、派遣、契約、嘱託社員など）、管理職、そして失業者までをも対象とし、労働者であれば基本的に誰でも加入することができる。特にわが国の中小企業ではそもそも企業内の労働組合が存在しないことも多いため、職種や産業の枠組みに関係なく個人加入できるユニオンには中小企業労働者の加盟率が高い。地域限定で活動しているところもあれば、全国から加入できるユニオンも存在する。このような形態の労組ができるまでは、退職して組合員資格を失った労働者が会社と争う場合は個人で対応するしかなかったため、退職者や失業者も加入できるユニオンの存在は画期的だったといえる。

ユニオンが生まれ、勢力を伸長させてきた背景には、バブル経済の終焉とその後の経済停滞、日本企業における終身雇用の崩壊、派遣法改正以降の非正規社員増大と労働者の権利意識の高まり、といった様々な要素が影響している。長年にわたる経済停滞により、終身雇用や右肩上がりの給料といったものに期待が持てなくなってきた時代背景があったところに、２０００（平成十二）年前後の空前の就職氷河期により、新卒で正社員になれなかった世代の非正規社員化が進展。平行して派遣労働にまつわる急激な変化（製造業への派遣緩和、派遣期間の延長、偽装請負問題発覚による派遣労働者増加、その直後のリーマンショックによる派遣切り、という展開）が起こった。労働者派遣法においては、契約途中で企業が契約を打ち切る事態を想定していなかったこともあり、派遣労働者保護へと移っていくのだが、既存の労働組合が正社員の権益だけを守る存在であったため、その枠組みに入れなかった非正規労働者の受け皿になったのがユニオンであったわけだ。ユニオンにとって非正規労働者の増加と派遣市場の拡大は、組合員増加と自らの勢力拡張に繋がる望ましい環境だったといえる。

ユニオンの紛争解決件数は年々増加しており、行政や司法に匹敵するほどの件数を記録。また、個別労働紛争を当該企業との団体交渉だけで解決する自主解決率が67・9%にのぼり（2008（平成二十）年）、紛争解決力の高さを示している。これまで、勤めている会社と何かしらのトラブルになった場合、労働者が駆け込む場所といえば「労基署」と相場が決まっていたものだが、昨今はそこに新たな選択肢としてユニオンが加わっているようだ。不特定多数の労働者からの相談に応じ、大手企業とも対等に交渉し、本来は行政の役割である労働法の周知・遵守の徹底を肩代わりしておこなっている、頼もしい存在なのである。さらに昨今は、ネットの力なども駆使して労働争議をひとつのニュースにし、世論形成する力を持ったところまで存在する。

しかし大変残念なことに、労働者から頼られ、また労働組合法で手厚く守られた存在であることを逆手にとり、ブラック企業さえも尻尾を巻いて逃げ出すような悪辣《あくらつ》な行為に及ぶ「ブラックユニオン」がごく一部だが存在するのだ。その手法とは、会社に不満を抱えた労働者を勧誘し、その会社の問題点をあげつらい、「不当労働行為だ」と騒ぎ立て、相手方を「ブラック企業だ！」と公然と批判し、最終的に高額な金銭を要求するというものだ。もちろん、違法な企業側にも問題はあるのだが、その手法が「要求」というレベルを超えた「恫喝《どうかつ》」になっているケースもあり、同じユニオン関係者からも、「彼らのやり方は如何なものか……」と眉をひそめられる悪質な組織もあるという。そんなユニオンの実態とは、いったいどのようなものだろうか。

会社の危機は自分たちの危機でもある企業内労組と会社の危機より解決金が最優先の合同労組（ユニオン）

企業内の労組とユニオン、双方ともに同じ「労働組合」であることには間違いないのだが、その体質や内情には大きな差異がある。特に昨今は、前者の企業内労組が「労働組合なのに苦境の社員に味方してくれず、頼りにならなかった」という趣旨の報道が相次いでいるのだ。一例を挙げると……

（1）会社から勧められて育休を取得した大手メーカーの社員が、復職後すぐに遠隔地への転勤を命じられた。転勤日交渉も有休申請も会社が却下したため社内労組に相談したが、「転勤日程をずらすことはできない」という見解で頼りにならなかった

（2）病気休職中の大手メーカーの社員が、休職期間を会社から誤って伝えられていたため、本人の想定より早く復職を迫られたことに対し、休職期間延長について社内労組に相談したが、「規則は規則だから延長不可」という見解だった。仕方なく社外のユニオンに個人加入し、社内労組を脱退しようとしたら労使協定違反として解雇されそうになった

（3）大手運送業で未払残業代を請求しようとしたら「愛社精神がない」と社内労組の委員長に言われた

ではなぜ、従業員の味方であるはずの社内労組はこれらの事例のように「会社側」の見解を示し、頼りにならないという扱いを受けてしまうのだろうか。

それは、社内労組は「社員の雇用を守る」というミッションを経営側と共有し、その他の管理部門と同様に「労使協調で行動する組織」だからである。労組は20年～30年先を見据えた長期雇用維持を意図して行動するため、ともすれば、数年で入れ替わる経営陣よりも長期的な視野を持っているかもしれない。

日本以外の多くの国では労働市場の流動性が高く、自身の実績やスキルを基に転職し

て働くことが一般的であるのに対し、日本の社内労組があるような大企業では終身雇用・長期雇用が前提である。また先述のとおり、労組も諸外国では「産業別組合」、日本では「企業別組合」という違いがあるため、労働運動へのスタンスも違ったものとなる。

例えば「長時間労働」「低賃金」「一方的な転勤辞令」といった労働者に不利益になるような状況に対して、諸外国の労組であればそれぞれ「忙しいなら新たに人を雇え」「利益が出たなら従業員に還元しろ」「不利益を押し付ける会社にはストライキで対応する」くらいのことはやるだろう。一方で日本の場合、それらの不利益は自分たちの「長期雇用」を守るための代替手段であり、そもそも会社が潰れてしまったり、組合員である社員がアッサリとクビになったりするよりは、多少の不利益は甘受するという思考様式があるのだ。

従って、日本の社内労組は長期雇用を守るためであれば「人を増やし過ぎると、閑散期になれば誰かに辞めてもらわないといけないので、我々が長時間労働と転勤に協力して乗り切ろう」「経営を安定させ、今後数十年にわたって雇用を守るためには、短期的な賃上げにはこだわらない。急に賃金を上げ過ぎて経営を圧迫したら元も子もない」

「自分たちがこれからも末永くお世話になる会社に対して、自分たちだけでストライキをやって売上を減らしたら、自分で自分のクビを絞めるようなものだ」と判断するのである。

さらに、多くの大企業では「ユニオン・ショップ協定」を労使間で結んでいる。これは、会社が労働者を雇用する場合、採用された労働者は必ず社内労組に加入しなければならず、もし組合に加入しなかったり、組合を脱退または除名されたりした者については、会社はその労働者を解雇しなければならないとする制度のことである。この協定があれば、労組は何もしなくても従業員を自動的に組合員にでき、かつ組合費も給料から天引きしてもらえる。

一方で会社側としても、マルクス・レーニン主義的な過激思考の新左翼的労組勢力を抑えることができるという、双方にメリットがある構図であった。

このような社内労組の姿勢に対して「御用組合」といった批判もあるわけだが、ここまで経営側に協力的な社内労組が存在し、労使協調でやってこられたことは、日本の高度経済成長を支えた一つの要因であるといわれているし、「終身雇用」「解雇規制」という制限条件のある日本企業のもとでは、まさに合理的な働きをしているともいえる。

このように、一般的な社内労組は、宿主にとって厳しい要求を通してしまえば自分たちの存在も危うくなるという前提条件があるため、労使間である程度現実的な線引きをしたうえで交渉がおこなわれるものだ。

一方で合同労組は、特定企業との繋がりを持たない独立系組織である。幹部は争議先企業に勤めているわけではなく、外部に位置するため、解決金さえ得ることができれば、交渉相手が生き残ろうが死んでしまおうが関係ない。それゆえ、要求は非常に苛烈となる。

さらに、憲法第28条は労働者の権利行使において「刑事免責」と「民事免責」を含むと解されている。これは労働者の団結・団体交渉・団体行動に対して、刑事上も民事上も責任に問われないということであり、この部分の解釈を一部のユニオンが悪用するのだ。会社とトラブルになった社員が労働基準監督署に駆け込んだ場合、労基署からは監督官が来て臨検をおこない、問題があった場合は是正指導をおこなう。一方で社員がユニオンに駆け込んだ場合、ユニオンは当該社員の代理として会社と団体交渉をおこない、社員の被害回復を要求する……と、ここまではよいのだが、もし駆け込んだ先がブラックユニオンだった場合、相手は「解決金」という名目で企業に対して多額の金銭を要求してくることになる。

「組合法で保障されている！」という文言を盾に団体交渉や街宣活動を仕掛けてくるが、交渉とは名ばかりの、一方的な要求の突きつけや大声で威嚇《いかく》するような恫喝レベルの行為であることもしばしばだ。それはすなわち、「お金を持っていそうな企業や有名企業に噛み付き、労働組合の権限をフル活用して行動し、多額の解決金を獲得することを目的としたビジネス」ともいえる。

また、素行や人柄に問題があって解雇した「元」従業員だとしても、当該人物がユニオンに加入して団交となった場合、会社側は解雇後であってもその団交を受けなければならないのだ。これはもはや労働組合というより、「労働組合法を適用される反社会団体」といってもよいかもしれない。

ブラックユニオンの何が問題なのか？

誤解なきよう繰り返しお伝えしておくが、労働組合も労働三権も、悪辣な雇用者に対抗して真っ当な労働環境を構築するために必要な武器であり、尊重されるべきものだ。その強い力をうまく使えればよいのだが、使い方によっては恐るべき収奪手段にもなってしまう。ユニオンがその力を不当に用いていないか継続的に監視し、利用者も悪意をもった団体かどうか見極める眼が必要となろう。

ユニオンの基本的な交渉の流れは以下の通りである。

（1）給与未払い、残業代不払い、不当配転、不当解雇…など、会社からの違法行為で被害を受けた労働者がユニオンに相談

←

（2）ユニオンは会社側と団体交渉をおこなう

←

↓被害回復、和解等の形で円満解決

←

（3）交渉に応じない、もしくは交渉が決裂しそうになった場合、「不当労働行為」だと指摘して交渉継続を要求（「正当な理由なく団体交渉を拒否すること」、「誠実に

交渉をおこなわないこと」は不当労働行為で、労働組合法第7条違反）
↓
↓被害回復、和解等の形で円満解決
↓
（4）会社側がお金を出し渋る様子を見せると、会社周辺でのビラ撒きや街宣などの抗議活動を実施
↓
↓被害回復、和解等の形で円満解決
↓
（5）それでも纏《まと》まらない場合は、各都道府県を管轄する労働委員会に対して「不当労働行為の救済申立」をおこなう。労働委員会は調査をおこない、申立人の救済命令を出したり、和解を勧告したりする
↓
（6）高額な和解金を請求され会社存亡の危機に陥り、ユニオンに有利な労働協約を結ばされ、ユニオンに労務を支配されるリスクも

ブラックユニオンによる被害事例

ユニオンも、真摯《しんし》に被害者側に立って被害回復に努めていれば、賞賛こそされても「ブラック」などとは呼ばれないはずなのだが、残念ながら労働組合とは名ばかりの、単なるビジネスとしての労働争議に明け暮れている残念なユニオンは存在する。実際、筆者のもとには日々「確かに自分たちにも至らない部分はあったが、それを針小棒大に騒ぎ立てられてしまい、『株式会社●●はブラック企業！』との風評被害に遭っている……」「勤めていたブラック企業から逃げ出したい一心でユニオンを頼ったのに、そこでブラック企業以上のハラスメント被害に遭ってしまった……」といった相談や告発が寄せられているのだ。例えば、このようなものである。

〈企業編〉

・面接では「熱意に溢れた真面目な人物だ」と思って採用した。実際、試用期間中は大変熱心かつ真面目に働いてくれ、「いい採用ができた」と思っていたのに、試用期間が明けるとあからさまにやる気が失せ、遅刻が増え、勤務態度も不真面目になり、かつ業績も低下した。そのことについて指摘し、「このままだと身の振り方を考えないといけなくなるぞ…」と苦言を呈したところ、「退職勧奨だ！」と逆上し、ユニオンが出てきて解決金を要求してきた

・社外ユニオンに加入した社員が、あからさまに周囲の社員に「社長のやり方っておかしくない？」「給料全然上がらないなんて普通じゃない」…など、会社への不満や愚痴をこぼすようになった。仕事に対しても熱意が見られなかったので、その姿勢や態度を指摘したが、改善される気配がない。ある日見かねて強い口調で叱責したところ、その内容を全てＩＣレコーダーで録音されており、「パワハラだ！」と逆上されたうえにユニオンが団交に訪れた

・それまでもあまりやる気が見られなかった社員が、ついに上司の業務指示にも反応せず、黙ったままで何もしなくなってしまった。上司の言葉は次第に厳しくなり、耐えかねて大声で怒鳴ってしまったところ、一部始終を動画で隠し撮りされていたようで、動画投稿サイトに掲載され、一気に拡散されてしまったうえに当社がパワハラブラック企業扱いをされてしまった。のちに、問題社員はユニオンに加入しており、隠し撮りはユ

ニオンからの指示であったことが判明
・当社には、机だけがあって社員が誰もいない部署がある。実は全員がユニオン組合員で、傷病手当を受給して長期休職しているため。ヘタに出社されてトラブルになるより、つつがなく休んでもらったほうが良いとの判断のようだ

〈個人編〉
・本意ではない配置転換をされてユニオンに相談した。自分は元部署への復職希望だったのに、ユニオンが私の意向を無視して一方的、高圧的な交渉を会社側とおこなったことで関係性が破壊され、結果的に退職するしかなくなった
・メディアへの露出は絶対に避けたかったのに、相手が大手企業ということもあったのか、ユニオン側が勝手に厚生労働省での記者会見をセッティングしていた。出席を拒否したら恫喝された
・相手が大手企業だったりお金がある企業など、ユニオン側の意向に合うものだけ案件として扱って対処するが、合わないものはどれだけ不当な違法行為で被害者が苦しんでいようが、無視して対応しない

・自分は裁判で争い、最終的に結果が出て、会社側が陳謝するところまで徹底的に戦うことを希望していたが、ユニオンと弁護士だけで勝手に「和解」の方針を決められて話を進められてしまい、実際に和解で終わってしまった
・会社側との団交では自分の意見を入れた形で主張したかったのに、ユニオンの意向が反映する形で勝手にアレンジされた
・組織として成り立ってない。活動家の集まり
・金を稼げるかどうかが大事で中身がない
・「沖縄で活動しないといけないから団交を休む」と言われた
・弁護士が入って対応してくれると聞いたのに、忙しいとかいろいろと理由をつけられ、結局裁判資料をつくるのも全部自分でやらざるを得なかった。それでもきっちり弁護士費用はとられる。エネルギーを費やしたのに、結局ユニオンに利用されただけで終わりだった

もちろん、そもそもの原因は劣悪な労働環境を放置し、従業員にきちんと報いていなかった会社にある。まともな環境を提供していれば、当該従業員もわざわざ外部のユニ

オンを頼ろうとはしなかったはずだ。そして、本当に悪意がある企業であれば正論の交渉も実を結ばない可能性もあり、ユニオンが強権を発動できることもまた必要だろう。その点において、筆者は現行制度に何ら問題はないと考えている。

問題なのは先の例のように、一部の悪意あるユニオンが、労働者の被害回復を差し置いて、法律と公的機関をいわば「恫喝用ツール」として用いることでお金儲けをしている、という事態なのである。そのために彼らは録音も録画もするし、わざと上司や経営者を怒らせるように挑発もしてくる。これでは上司もまともな指導はできなくなるし、真面目に勤務する社員は不利益を被るだけだ。しかし残念なことに、現在のわが国ではそんなことが合法的にできてしまう環境が整ってしまっているのだ。では、そのブラックユニオンを温存させる構造とはどのようなものか、問題点は何かについて以下詳説していこう。

問題点（1）合法的に企業恐喝ができてしまう

一部ユニオンの団体交渉は、大勢でオフィスに押しかけ、机を叩いて大声で威嚇するようなやり方で、とても「交渉」とは呼べないような代物だ。また抗議ビラも、経営者の個人情報や「株式会社○○はブラック企業！」といった誹謗中傷が書かれ、昼間から大音量で街宣活動を継続するので周辺のオフィスやテナントにも迷惑がかかるなど、名誉毀損罪にもあたるレベルの過激な行動が報告されている。昨今ではその様子を動画で撮影してＷｅｂにアップしたりＳＮＳで拡散したりするなど、手口はエスカレートする一方だ。しかも先述のとおり、労働組合法で守られているため警察も手が出せない。まるで「合法的な総会屋」のような存在であるといえよう。

本来は、監督官庁が違法行為や行き過ぎた行為をたしなめるべきなのだが、それもなされていない状況だ。多くの経営者は、この街宣と広報活動をやられた段階で参ってしまって和解金を支払うことになる。しかも、要求する和解金額は軒並み１０００万円を超えることもしばしば。中小企業にとっては大変な金額であり、和解金を用立てるためにわざわざ借金をしなければならなくなった会社もある。そしてユニオンは、その和解金から1～2割を協力金やカンパという名目でピンハネする。これが彼らの収入源である。

Ｗｅｂの発達によって、マスメディアで報道されない規模のニュースでも我々自身が情報発信でき、また受け取り、それらを自由に拡散できる時代になった。一部ユニオンはその力を最大限に生かしており、自ら動画を編集し自分たちに都合が悪い箇所は隠して、一方的に、Ｗｅｂで発信している。

合法的に恐喝できるが如きこの仕組みを活用し、「大手有名企業や黒字企業、昨今では零細企業や小さなお店にまで食い込んで高額な和解金を得るビジネス」が人知れず進展しているのだ。昨今は有名企業をターゲットとし、どの会社でもあり得るような些細《ささい》な違反をきっかけにユニオンが騒ぎ、メディアの力を生かして団交を進め、和解金獲得に至る例も多い。ユニオンに一度目を付けられると、彼らは和解金を獲得するまで嫌がらせまがいの労働運動をし続け、話し合いによる交渉の余地などないのである。

零細企業や商店にまでターゲットを向けているのは、数人で経営している零細企業には法務もないため、大勢で押しかけただけで、経営者が怯えてお金を支払ってしまう例もあり、大企業よりたやすく金銭が入手できてしまうからだ。

悪いのは問題がある会社側であることはもちろんなのだが、司法判断が下っていない段階で対象企業を「ブラック企業」と決めつけ、メディアで実名を挙げて誹謗中傷するケースは名誉毀損だし、私刑と言われても仕方なかろう。

問題点（2）税務上も野放し状態で、納税回避が横行

ユニオンに限らず、労働組合は自主的に組織・運営されるものとされており、ユニオンを設立するにあたって誰かしらの承認を得る必要や、役所に届け出る必要はない。法人登記がなくても設立できるということは、税務調査の対象外ということだ。実際、労働組合は公益団体等に分類される社団であるためそもそも原則非課税であるうえ、年間収入8000万円以下であれば申告も必要ない。（※ただし、収益事業を手掛けていれば規模に関係なく課税対象となる）ではその規模を越えたらきちんと申告するのかといえば、その規模に至る直前の段階で組織を分裂させ、結果的に申告義務を免れるという手段を用いるのだ。実際、同じ住所の事務所に多数のユニオンが入居しているというケースもある。

問題点（3）労働組合側に有利な法律

先述の労働組合法は明らかに組合側に有利な法律となっている。そもそも同法では「組合に加入していない労働者」は保護の対象外と解されており、未加入者には労働三権が認められないことになってしまう。また正当な争議行為や組合活動における刑事・民事責任が免除されているため、近隣住宅やオフィスや無関係な店舗に迷惑がかかるような大音量での街宣活動や、「株式会社○○はブラック企業‼」といった中傷的なビラ配布など、明らかに刑事上の威力業務妨害や名誉毀損に該当するような行為も「正当な組合活動」の名のもとに認められてしまうのだ。

問題点（4）企業経営を考慮しない司法

法律の建てつけのみならず、実際の司法の場においても労働組合が有利といわれている。労働問題の裁判では労働者側に寄った判決が出やすいといわれているし、裁判より簡略的な手続きでトラブルを解決できる制度である「労働審判」においても、労働者側の勝訴率は約8割である。以前より、裁判所や裁判官には弱者保護の意識が強いといわれており、実際はどちら側が本当の弱者なのかとは関係なく、裁判所が保護したい労働者像や裁判官の心証（真面目にコツコツ努力しているのに、悪辣な経営者から搾取され酷い目に遭っている、という構図）に合致しているかどうかが重要なのだ。裁判官が明らかに企業実務や経営実態を知らないか考慮せぬまま、経営者に金を払わせる判決を出した例は多い。

問題点（5）弁護士と労働組合との癒着関係

弁護士といっても様々な専門分野があるが、本項で採り上げるのはいわゆる「労働弁護士」と呼ばれる、労働者側に立って企業と交渉する弁護士だ。もちろん、多くの弁護士は使命感を抱き、職業倫理に従って高潔な仕事をしているはずだが、企業の顧問弁護士には容易になりにくいため、中には独立して充分食べていくことができず、ユニオンのお抱えのようになってしまっている者もいる。彼らはユニオンに駆け込んできた被害者の要求を考慮せず、とにかく「解決金」を得るための絵図をユニオンと共に描いて話を進める。仮に被害者が職場復帰を求めていたとしても、「そんな会社に復職する意味があるのか⁉」などと説得して「退職による和解」をさせ、得られた解決金をユニオンと山分けするのだ。

問題点（6）労働委員会の公益委員も組合寄り

労働委員会は厚生労働省の外局で、労働争議の調整（あっせん、調停、仲裁など）や不当労働行為の救済等をおこなう行政機関である。国の機関である「中央労働委員会」の下に、各都道府県の機関である「都道府県労働委員会」が置かれている。労働委員会の委員は「公益委員」（弁護士や労働法学者など）、「労働者委員」（各地の労組連合会長、執行委員長など）、そして「使用者委員」（企業経営者や経営者団体理事など）のそれぞれ同数によって組織されている。

ここで問題なのは、本来中立公正な立場でなくてはならない公益委員に組合寄りの人物が多く、労働者の味方になることこそが正義と確信している傾向があることだ。さらには労働組合の勉強会や講演会に講師として招聘《しょうへい》されることもあり、公正性が重視される労働委員会において、癒着もしくは利益相反行為にあたるのではないかと考えられる。

問題点（7）たった一人の不満だけで他の社員が犠牲に

さらに少し専門的な話になるが、「司法」×「労働委員会」の問題点が合わさって深刻になった事案として、「個別労働関係紛争解決促進法」の問題が挙げられる。

労使紛争には「集団的紛争」と「個別的紛争」があり、文字通り前者は労働組合（労働者の集団）と使用者間での労働条件や賃上げ等の労働関係に関する紛争を指す。一方で後者は、労働者個人と使用者との紛争だ。主に給与不払い、残業代未払い、不当解雇といった事案が挙げられる。

もともと労働委員会では、集団的紛争のみを取り扱い、労働者個人での申請はできない決まりだった。しかし2001（平成十三）年、「個別労働関係紛争解決促進法」が制定され、個人的な問題であっても、組合が取り上げて申請した場合には、取り扱うことができるようになったのだ。そもそも当該制度は、個別労使紛争の迅速な解決を促進するためという趣旨で整備されたものだったが、これによってブラックユニオンが勢いづいてしまったところがあるのだ。

この変化の何が問題なのか。一つの企業で複数の労働者から指摘される労働問題であれば、確かに会社側に何かしらの原因があり、公益性も高い案件と想定される。しかしこれが一人でも声を上げられるとなれば、何かしら会社を貶めたい意図をもった人物、もしくは勢力がこの法制を悪用し、ユニオンや労働委員会の力をもって会社を責め立てることができるようになるわけだ。たった一人の悪意によって、会社全体、そして他の無関係な社員全員が被害を受けてしまうリスクがあるのだ。

真面目に勤務している自分の会社が、ユニオンに加入した1人の社員のおかげで、他《よ》所《そ》から「お宅の会社ブラックなんだって？」と言われてしまうのである。ブラックユニオンは和解金を取得するまで、他の労働者をも平気で被害にさらすのである。

問題点（8）そもそも企業側にも、ブラックユニオンに付け込まれる隙がある

ここまで、いかにもユニオンばかりが問題であり、企業側が一方的な被害者であるかのように書き連ねてきたが、被害者となる企業側にも問題がないとはいえない。これまでのケースで多かったパターンは、「遵法意識が低い」「就業規則が整備されていない」

「経営者が法律を知らない」といったものだ。

労働条件を規定する法律が「労働基準法」であり、各企業内の法律に位置するのが「就業規則」である。自社内の労使関係を規定する重要な存在なのだが、残念ながら多くの中小企業では、ネットや本に載っている就業規則のサンプルをコピーして部分的に修正した程度で、経営者がきちんと法律全体を把握しているケースは多くないのが現状だろう。そして、そういった企業ほど、ユニオンの被害に遭った際の影響が大きい。最悪、倒産するリスクさえあるのだ。

仮に、素行不良や業績不振など、致し方ない理由があって従業員を解雇したとする。しかし、いくら客観的な証拠があったとしても、就業規則が未整備で、然るべき手続きを踏んでいなければ「不当解雇！」と逆に騒がれ、ひいては「パワハラを受けた！」「鬱《うつ》病になった！」といった理由で休職されたり、ユニオンが出てきて高額な解決金を要求されたりしてしまうことになりかねない。

大企業ならまだしも、従業員数1ケタ～数十人規模の企業でこのような事態になってしまうとそれだけで会社が傾くレベルだろう。何も産み出さないどころか、負債になる人件費が余計に1人分かかってしまうのだから。

これは法律を熟知した従業員個人が会社への復讐として実行するケースと、ユニオンに駆け込んだ被害者従業員に対してユニオンが入れ知恵するケース、双方が存在する。ユニオン側は仮に全て持ち出しで相談対応し、被害者に弁護士をつけたとしても、最終的には儲かるのだ。なぜなら、彼らは労使トラブルをきっかけに企業に食い込み、高額の解決金を要求するから。弁護士費用を払った残額を被害者と山分けしても、利益は100万円単位になるだろう。

遵法意識が低く、就業規則等が未整備な会社ほどツッコミどころが多いので狙われやすい。そしてブラックユニオンにとって被害者は救済の対象ではなく、都合の良い捨て駒のようなものである。目的はあくまで解決金というわけだ。

このような悪意あるユニオンに目をつけられないためにも、日々のリスク管理とコンプライアンスの徹底には留意して取り組まねばならない。ユニオンは法律を盾に要求をおこなうため、些細なことでもきっかけとなって「法律無視の悪意ある会社」というネガティブな印象操作をやられかねないから。すなわち経営者は、労働法制の変化は常にウォッチし、臨機応変な対応を徹底していくべきである。「知らなかった」では済まされないし、ユニオンはそのような無知な経営者を攻めてくるからだ。

なぜユニオン被害があまり知られていないのか

本書内でも後ほど詳述するが、ユニオンからの理不尽な要求によって甚大な被害に遭った事例は数多い。しかし、そもそもそんな事案どころか、ユニオンの中にそのような悪質な存在があること自体があまり知られていない。なぜだろうか。

第一に、ユニオンのターゲットの多くは中小零細企業であることだ。

残酷なお話だが、知られていない会社の不祥事などそもそもニュース価値がないし、そういった会社には往々にして法的なノウハウも、メディア力も政治力も存在しないため、自らの状況を世に訴える術を持たない。

誰が聞いても知らない、どこにある企業なのかも分からないような事案であれば、当然メディアが取材して報道することはないし、被害者側が直接声を上げて世の中に伝えるという手段も持ちえないから、誰にも知られることがないままだ。また、当該企業や商店の経営者がメディアや政治家とのパイプを持っているわけでもないので、議会に声を拾ってもらったり、行政や司法を通して対処したりすることもままならない。彼らはメディアの扱いに慣れた、百戦錬磨のブラックユニオンに翻弄されるままなのである。

第二に、「和解条項」という名の「口止めシステム」があることだ。

ユニオンの最終的な要求は「解決金」という名の和解金であるが、和解金を得ると同時に「和解条項」という契約を締結する。そこには様々な約束事項が書かれており、条項の一つとして必ず「本和解内容を公開してはならない」という一文が入っているのだ。

ユニオンから恫喝的な団交や名誉毀損レベルの街宣活動など散々な被害を受けてきた会社にとって、口外することでまた同様の被害を受けてしまうよりは、大人しくしておくことで楽になりたいものなのだ。そうして、ユニオンからの被害がいかに理不尽で甚大なものであったとしても、誰もが口を噤《つぐ》み、語り継ぐ者はいなくなる、という構図だ。

しかしその割に、ユニオン側は和解条項を平気で破って、相手方をその後も「ブラック企業」と非難していたりするのだが…。

第三に、メディア側の姿勢がユニオン寄りであることだ。

メディアは公正で、特定勢力に偏らない報道をするべきなのだが、ユニオンと企業間の争議の場合、どうしても「悪辣で理不尽な企業VS弱い立場の従業員」という構図で描かれがちであり、ニュース等になる場合も、被害者とユニオン関係者が記者クラブで発表した一方的な内容をそのまま報道するケースもあり、とても公正とは言い難い印象を抱く。

そのような構図のほうが報道として視聴者・読者の耳目をひくという効果があろうし、実際メディア各社の組合は左傾化しているといわれ、組織全体もその影響を受けているものと思われる。

例えば、主要な民間テレビ局の労組が参加している「日本民間放送労働組合連合会」は共産党との関係が深い全労連にオブザーバー参加している。また「日本放送労働組合」は連合傘下ながら連合内左派といわれている。

日本新聞労働組合連合（新聞労連）は「日本唯一の産業別労働組合」を掲げ、加盟組合は85組合、加盟人員は約2万7000名にのぼる。かつては日本労働組合総評議会（総評）に加盟していたが、総評解散以後は連合および全労連のいずれにも属していない。その代わり、左派系労組でつくる「憲法改悪反対労組連絡会」には参加しているほか、「しんけん平和新聞」という名の独自の新聞を発行している。新聞労連の声明も新聞の論調も基本的に反政府の姿勢であり、政治的中立性の観点から疑義がある内容となっている。

マスコミ左傾化の理由には諸説あるが、戦後の公職追放で空いたポジションに、戦前戦中に反体制派だった左翼勢力が入り込んできたことが要因の一つとして挙げられるといわれる。

ＧＨＱが戦後の日本占領統治の手法として、日本人が悪いことをしたという意識を植え付けるために、マスコミや教育界を利用した影響が今でも尾を引いているというわけだ。

歴史的経緯はさておき、ユニオンと団交中の会社と、ユニオン関係者しか知らないはずの情報を基にマスコミ関係者から取材された、などの報告事例もあることから、マスコミや一部の記者とユニオンとの間には何らかの繋がりがあることは明白であろう。

不当労働行為とは

ユニオンが企業を攻撃する際に頻繁に用いる「不当労働行為」という言葉がある。

労働争議となって初めて耳にする経営者も多い、この「不当労働行為」とは何か、簡単に説明しておこう。

〈不当労働行為の例〉

・労働者が労働組合の組合員であること、労働組合を結成しようとしたことその他労働組合の正当な行為をしたことを理由として、その労働者を解雇しその他これに対し不利益な取扱いをすること（不利益取扱）。

・労働者が労働組合に加入せず、又は労働組合から脱退することを雇用条件とすること（黄犬契約）。労働協約によって、その労働組合の組合員であることを雇用条件とすること（特にユニオン・ショップ協定）は不当労働行為とはならない。

・正当な理由なく、団体交渉を拒否すること（団体交渉拒否）。単に交渉に応じるだけでなく、誠実に交渉を行う義務がある。

・労働組合の結成、運営を支配介入し、又は労働組合に対して経理上の援助をすること（支配介入）。本来労働組合が任意に決めるべきである、組合員資格の範囲の限定や、上部団体加入に対する妨害は、不当労働行為となる。労働者のうち誰が組合員であるかを使用者が調査することは、一般的に直ちに支配介入に当たるものではない

（最判平7・9・8）。

・労働組合の運営のための経費の支出につき使用者の経理上の援助を受けるもの（経理援助）。ただし、労働者が労働時間中に時間又は賃金を失うことなく使用者と協議し、又は交渉することを使用者が許すこと、福利その他の基金に対する使用者の寄附及び最小限の広さの事務所の供与をすること、は不当労働行為とされない（労働組合法第2条2項但書）。したがって、争議行為に参加して労務の提供をなさなかった場合に、労務の提供のなかった部分について賃金を差し引かずに支給することは不当労働行為となる。

・労働者が労働委員会の手続きに関与したこと、（不当労働行為の申立てをしたこと若しくは労働争議の調整をする場合に証拠を提出し若しくは発言したこと等）に対してその労働者に不利益な取扱いをすること。

ユニオンとの争議では、このユニオン側の活動に問題があったとしても、ユニオンを批判しただけで「不当労働行為」として追及されることがある、非常に広範囲に使用される用語である。

ユニオンの思想

一口に労働組合といっても、基本的な思想には差異があり系統も異なる。以下多少専門的な記述となるが、彼らの根本思想を理解する上で必要となるので、興味をお持ちの方は読み進めて頂きたい。

まず現在のナショナルセンターである「連合」は、社会党系の日本労働組合総評議会（総評）、民社党系の全日本労働総同盟（同盟）、中間派の中立労働組合連絡会議（中立労連）、全国産業別労働組合連合（新産別）の労働4団体の統一によって結成されたという経緯がある。

このうち、民間企業の労組の集合体である「旧同盟系」は民主社会主義で反共、自衛隊や日米安保、日の丸・君が代、原発に賛成の立場。一方で公務員の労組（自治労や日教組など）を主体とする「旧総評系」はマルクス・レーニン主義を掲げ、自衛隊違憲・解消、日米安保反対、非武装中立、日の丸・君が代反対、脱原発と、まったく正反対の立場をとっている。そもそも水と油の関係のような団体が、基本的な政策も一致させないまま統一された組織であるという基本構造を把握しておいて頂きたい。

ここで「社会主義」や「共産主義」、そして「マルクス・レーニン主義」という、今一つ違いが分からない、もしくは聞き慣れない言葉が出てくるので簡単に説明しよう。「社会主義」と「共産主義」はいずれも「資本主義」に対して考え出された理論である。資本主義では貧富の差が激しくなり、資本家（お金持ち）だけが富を得て、労働者がこき使われる世界になってしまう。本来は人類皆平等であるべき、という前提だ。そして社会主義と共産主義の違いは次のとおりである。

（1）社会主義：国民全員で労働し、成果物を政府が平等に分配する。作るものは政府が決める。いわば「全員が公務員」の世界。

（2）共産主義：各々の国民が能力に応じて働き、必要なものを受け取る成熟社会。富める者は貧しい者に自主的に分配するので政府は不要、という理想的な社会。

（3）マルクス主義：資本主義を理想である共産主義に変えていくために、一旦資本主義を解体（革命）して社会主義を構築し、それから共産主義に移行していくという思想。

（4）マルクス・レーニン主義：資本家を打倒して共産主義政府を樹立し、共産党主導によって利益を再配分していこうという思想。

労使の対立を過剰に煽り、共産党の主張に同調させる

旧同盟系の思想は「国家の発展、経済発展があってこその労働組合」という前提なのだが、旧総評系は愛国心を否定し、共産党主導で資本家からの収奪を前提とした思想に依拠している。これは第一次世界大戦後、当時のソ連主導で創設された「コミンテルン」という組織が、世界各国に共産党を設立し、大衆組織化のために宣伝した思想である。すなわち、「愛国心を否定し、国境を越えて労働者が団結し、資本家階級による戦争を阻止できれば、悲惨な世界大戦は阻止できた」という主張により、当時の労働組合の国際ネットワークを切り崩して自勢力に取り込んだのであった。ちなみに日本共産党はこのコミンテルンの日本支部として発足したという経緯がある。（※日本共産党は2004（平成十六）年の第23回党大会で綱領改定し、「社会主義社会と共産主義社会を区分せず、一つの社会の連続的な発展としてとらえる」「社会主義的変革の中心は、主要な生産手段の所有・管理・運営を社会の手に移す生産手段の社会化である」「社会化

の対象となるのは生産手段だけで、生活手段については、この社会の発展のあらゆる段階を通じて、私有財産が保障される」と明記した）

コミンテルンの活動家たちは、愛国心を持つ労働組合を切り崩すにあたって、「内部にスパイを送り込み、団体を内部から支配する」というやり方をとった。内部に入り込んだスパイは「資本家（経営者）だけが儲けて、労働者たちの給料が安いのはけしからん」「彼らは利益を不当に貯めこみ、自分たち労働者に分配しようとしない」「そんな一部の金持ちだけを優遇する現政府はおかしい」と吹聴し、経営陣や国家体制への敵意を煽る。そうやって、結果的に共産党の主張に同調するようになっていくというわけだ。

そのまま共産党の戦略がうまくいくとどうなるか。失業対策や社会保障が手厚くなり、社会保険料などの負担が民間企業を圧迫。業績悪化して倒産企業が増え、社会の活力が低下する。経済混乱が進めば、福祉や労働者の権利を主張する共産党の発言力がさらに高まる、という寸法だ。

本来は企業の発展、国家の発展があってこそ賃金も上昇し、生活も豊かになるものなのに、いまだに共産党を含む一部野党には経済成長よりも資本家（大企業経営者）敵視で労働者の権利擁護ばかりを主張する、コミンテルン的思想がはびこっているように思える。そしてまさに、ユニオンが対立する企業や経営者につける文句もまたコミンテルンの主張と一緒なのである。

第二章

ブラックユニオンの実例

ブラックユニオンによる被害の歴史

マスコミによる労働争議では常に経営者側が悪者で、労働者やユニオンが正義として報道される。しかし、客観的に争議を両側面から追ってみると、異なった事情が見えてくる。

実際の事件を元に事例を挙げてみたい。

「京品ホテル」事件

まさにこの事件にこそ、ユニオンによる搾取の構造問題が凝縮されているといえよう。京品（けいひん）ホテルは、かつて東京・品川駅前の超がつく一等地にあったビジネスホテルである。もともとは明治時代創業の旅館であった。「けいひん」ホテルという名称だが鉄道会社の京浜急行とは無関係で、「東京」と「品川」から一字ずつとったものだ。

運営会社であった京品実業株式会社は、バブル期の多角経営によって多額の債務を抱え経営不振となっていた。さらにホテルの建物が耐震基準を満たさず、その改装のために約20億円の費用を要することなどを理由に、同社はホテルを担保に債権売却することを決定。２００８（平成二十）年に廃業と、従業員への解雇を通告した。債権はリーマンブラザーズ証券の債権買取子会社、サンライズファイナンス株式会社（以下「サンライズ社」）に全て買い取られ、さらに株式会社ＬＣホテルズに売却される予定になっていた。

従業員に対しては会社から退職金の40％上乗せと有給買取を条件に示されており、９割以上は再就職先が決まっていたが、一部従業員は合同労組「東京ユニオン」に加入し、「京品支部」を結成。ホテルの営業継続と解雇撤回を求め、団体交渉をおこない、地位保全の裁判を起こした。そしてその裁判の結果が出ないまま、廃業日以降はホテル内の飲食店において一部従業員による「自主営業」がおこなわれる異常事態となった。

ホテルの土地建物は同年5月に売却済みであり、京品実業は10月末付で引渡し履行の義務があったが、当該時点では所有権移転登記はまだおこなわれていなかった。一部従業員は自主営業を継続し、サンライズ社は11月に、一部従業員の立入禁止の仮処分を申請するとともに、不法占拠による損害金を求めた。しかし東京ユニオン側は拒否。一連の騒動の影響で、当初ホテルの土地建物を取得する予定だったLCホテルズは、当該売買契約を破棄している。

結局、96日間に亘った自主営業に対しては、2009（平成二十一）年1月に東京地裁から建物明渡しの仮処分決定が出される。しかし期限までに自主的退去が行なわれなかったため、1月25日に明渡しの強制執行が行われ、一部従業員らは強制的に排除された。地位確認訴訟については、その後2010（平成二十二）年1月に金銭的解決で合意し、和解が成立している。現在、ホテル跡地はパチンコ店となっている。

…と、ここまでは当時の記事などを見直せば確認できる情報である。問題はその「自主営業」の形態と、和解の後だ。

一部従業員たちによる「自主営業」について、当時のマスメディアには美談のように紹介する記事もあったが、その時点で既に東京地裁において「従業員は解雇が正当かどうかを争うことができるが、廃止した事業を再開するよう求める権利はない」と判断されていた。すなわち実質的な「不法占拠」であり、「解雇された元従業員が、売却契約済みの飲食店を不法占拠し、保健所の許可も得ずに無断営業する」事態である。これは美談でも何でもなく、従業員の人権を盾に取った「占有屋商法」といわれても反論できない不法行為をユニオンは主導していたといえる。

解決金の配分も問題だ。京品ホテルを解雇され、争うことを選んだ組合員は46名にのぼる。そして東京ユニオンの声明によると、解決金は1億2500万円。1人あたりに換算すると約272万円となるはずだ。しかし東京ユニオンは、この1億2500万円の解決金のうちなんと6割にものぼる「7500万円」もの額を、組合員ではなく「東京ユニオン自体への解決金」として得てしまったのである。

この金額割合は、裁判所からの和解勧告に定められていたものだが、和解内容について組合員はもちろん、京品支部の代表者さえも事前に全く知らされていなかった。このように、ユニオンとユニオン側の弁護士が和解交渉をコントロールし、当事者である組合員が肝心の交渉に参加できない事態が、ブラックユニオンでは日常なのである。

ユニオンが得た7500万円は、このように扱われた。

まず「組合経費」として3500万円を差し引いた。その中から、成功報酬も含めた弁護士費用として1250万円を弁護士に支払う。残りの2250万円が経費、そして経費以外の4000万円は「職場再建基金」という名目でユニオンの手元に残り、結局組合員には分配されないままで終わった。

しかし、この時点でおかしなことが2点ある。

まず「経費」だが、ユニオンの経費は特別の合意がない限り、全員が一律に負担する「組合費」で賄われるべきものだ。その組合費は、事案解決によって得られた和解金や解決金から一定割合を徴収する「拠出金」として得る。本件も、組合員に分配されるべき5000万円から2割の拠出金1000万円を徴収し、さらに上記2250万円の経費も得ていたことになるので、拠出金総額は3250万円。そうなると組合員の負担は解決金の1／4にもなってしまう。これは相場からして高額すぎるのだ。

しかも、職場再建基金の4000万円も組合員には分配しないまま、ユニオンによる「職場再建事業」に使われた。東京ユニオンはこの4000万円に加えて出資も募り、南新宿にダイニングバーを開業した。その店で京品ホテルを解雇された元従業員も雇用するという触れ込みだったのだが、結果的に同店は解雇された元従業員46名のうち5名のみを雇用しただけで、開店からわずか1年半後に閉店、倒産してしまうのだ。さらに関係者のブログには開店1年後の時点で「職場再建資金は底をついた」との記述もある。すなわち、ユニオンは組合員の活動で得られた解決金４０００万円強をわずか1年で食い潰してしまったわけだ。

もともとの和解金の水準は悪くないものであったのに、ユニオン側が勝手に割合を決めて分配し、結果的に被害者の組合員にはわずかな金額しか残らなかった。長期間にわたる争議の結果がそのようなものであれば、会社側が従業員に当初提案していた退職金40％増の退職で合意していたほうがよかったのかもしれない。

ちなみに、このダイニングバーを経営していた企業組合の経営者兼代表理事は、東京ユニオン執行委員長のW氏であった。氏は同店の倒産について「飲食店の経営を軌道に乗せることはなかなか難しく、経験不足もあり適切な経営判断ができなかった」と述べているが、労働活動家が経営判断できるほどの経験を持っていないことなど最初から明らかであったはずだ。結果的に、組合員の意に反して解決金が素人経営事業の運転資金となり溶かされることになったのであれば、最初から組合員に分配しておくべきであった。何もしなくてもそこまでの短期間で消える金額ではないことから、渡辺氏をはじめとする理事が相応の額の報酬を得ていたのではないかとも考えられる。

これは、ユニオンの中にさえ階層構造が存在し、ユニオンの専従者が一般の組合員や非正規職員から搾取するかのような形になっているものと考えられる。彼ら専従者や労働弁護士たちも、虐げられた立場の労働者に寄り添ってサポートするという道を選んだはずなのに、結局彼らが批判する資本家のごとく、金銭的な執着が消えず、あまつさえ搾取にまで至ってしまうという残念な存在なのだ。結局、儲かるのはユニオン幹部と労働弁護士だけなのである。

「アリさんマークの引越社」事件

次の事例は「アリさんマーク」で知られる「株式会社引越社」だ。引越専業会社の中での売上高では、サカイ引越センター、アートコーポレーション、全国引越専門協同組合（ハトのマーク）に次ぐ4位。約270億円の売上を誇る、1971（昭和四十六）年創業の業界先駆者的存在である。

同社グループは2015（平成二十七）年以降、従業員ら計37名から残業代支払い、事故弁償金返還、人事異動取消などで提訴され、その数は裁判や労働委員会手続きなど計16件に及んでいたが、それら労働紛争は２０１８（平成三十）年2月に和解という形ですべて解決することとなった。

確かに同社には労働争議の原因となるような違法な体質があったし、会社もその旨を認めている。同社従業員の相談を受けて和解までの争議をサポートし、和解にまで至らせた合同労組「プレカリアートユニオン」（以下「ＰＵ」と表記）は一躍名を上げ、現在もネット上を中心に積極的に情報発信して活動をおこなっている。

しかし「ブラック企業と戦う！」を標榜しているユニオン自体、内部体質もやっていることもブラック企業顔負けの違法状態だったことがつい最近明らかになった。では一連の事件について時系列を追って見ていこう。

（1）事件の経緯

最初に報道されたのは、２０１５（平成二十七）年7月に始まった元従業員からの集団訴訟であった。同社で作業中に家具の破損や交通事故などを起こした際、従業員がその弁済費用を一部負担しなければならず、しかもその分のお金が給与天引きされる仕組みとなっていることが違法だと訴えたもので、当初12名からスタートした訴訟参加者は翌年2月時点で30名を超えていた。

もう一つの事案が、度重なる報道でご存知の方も多いであろう「従業員N氏のシュレッダー係配転」事件だ。

同社従業員であったN氏は営業職として勤務していた際、残業代の未払いと、営業車運転中の事故で弁済請求されたことを契機に社外のユニオンに加入。同時期にN氏は営業職からアポイント部に異動となり、間もなくシュレッダー係に配転させられたことが「不利益な異動命令」にあたるとして、2015(平成二十七)年7月に引越社関東を相手取り提訴した。

引越社側は8月、「会社の名誉を傷つけた」としてN氏を懲戒解雇。その際、N氏の氏名と顔写真が入った「罪状」と題した紙(罪状ペーパー)をグループ全店に貼り出すなどした。会社側によるこれらの処遇はユニオン関係者によって拡散され、引越社の対応が問題視されるようになる。

その最中に起きたのが「恫喝動画事件」だ。同年10月、会社前で抗議行動をしていたユニオンと、それを止めようとした同社副社長井ノ口昇平氏の間でちょっとした揉め事が起こり、井ノ口氏が声を荒らげている様子が動画として拡散。「コワモテの副社長が恫喝！」と当時大炎上し、井ノ口氏個人に対しても誹謗中傷や殺害予告がなされる騒ぎとなった。

その後、N氏の解雇は撤回されて復職したが、会社との間で紛争は続いていた。「罪状ペーパー」については2018（平成三十）年7月に和解成立。残っていた賃金未払いや弁償金については中央労働委員会で手続きがおこなわれており、それが和解ですべて解決したというわけだ。和解成立によってN氏は会社都合退職し、これまで氏を支援してきた社外ユニオンの専従職員となる。

〈2〉世間が抱く引越社のイメージ〉

一連の経緯を報道で知った人なら、引越社という会社は「労働環境面でも社内外への対応においても、法やモラルが通用しないブラック企業」と認識することだろう。実際、言い逃れができないレベルで明らかに労働法に違反する行為が複数確認されており、会社側も違法状態であったことを認めているからだ。

・残業代未払い
・弁償金の給与天引き

・N氏への配転や懲戒解雇などの不利益取り扱い

また、劣悪な労働環境にまつわる実情を世間に啓蒙するために発足した「ブラック企業大賞」においても、同社は「ブラック企業大賞２０１５」において「ウェブ投票賞」および「アリえないで賞」、そして「ブラック企業大賞２０１７」において「大賞」を受賞するという不名誉な記録を残している。まさに「名実ともにブラック企業」というところだろう。

会社側もこれまでの違法行為、違法状態を認めたうえで、「労働関係法令を遵守し、不当労働行為をおこなわない」、「組合員に対して、故意または重過失がある場合などを除いて弁償金の負担を求めない」と約束。改善の意を示している。

しかしこれまでのネガティブイメージはなかなか払拭が難しいのか、和解報道に対してもネット上では「これで会社が変わるとは到底思えない」「そんなひどいことをしていたとは許せない」といった声も根強いようだ。実際、各種報道の影響により売上高は年間で約70億円も低下し、ＴＶＣＭも自粛した。マスメディアの報道やＴＶのドキュメンタリー番組においても、ユニオン側の立場から同社を非難する論調のものばかりで、引越社側の言い分を記事化したものはごく一部であった。

しかも和解後も問題は続いている。和解条項において、「組合員らと会社は相互に誹謗中傷等をしない」旨の取り決めをおこなっており、引越社側は条項を遵守しユニオン批判を一切していないのに、ユニオン側は当該条項をまったく意に介することなく、引越社を名指しして批判を続けているのだ。

たとえば、和解後に開催されたユニオン主催イベント「アリさんマークの引越社争議解決報告会」は、一般向けに広く周知・集客されたものだが、公開の場でユニオン関係者と集団訴訟弁護団が一緒になって引越社をブラック企業と痛烈に批判する内容であった。またその弁護団の1人が和解後に著書『まんがでゼロからわかるブラック企業とのたたかい方』を刊行したのだが、明確に「アリさんマークの引越社事件をモチーフに」と説明され、「オリジナルストーリー」と銘打ちながら、「ブラックな引越会社でシュレッダー係に配転された後解雇される」と、事実そのままの展開で引越社を誹謗中傷しているのである。

・内容紹介

ヤバイ、この会社、真っ黒だ……

恋人との結婚を控え、意気揚々と転職を決めたカズマ。
しかし、そこは底なし沼のようなおそるべきブラック企業だった…。
世間を騒がせた「アリさんマークの引越社事件」をモチーフに、
オリジナルストーリーまんが＆実用解説で、ブラック企業のさまざまな手口と、
それに立ち向かうための知識（ワークルール）と手法をゼロから教えます。

1章 人食い蜘蛛たちの王国――差別的な採用面接
2章 はたらきバチの嘘――違法な労働条件
3章 蜘蛛の巣地獄――給料減額とプライバシー介入
4章 ひとりぼっちじゃない――労働組合と立ち上がる
5章 シュレッダー係を命ず――理不尽な配転
6章「死刑」宣告――解雇とパワハラ
7章 僕は絶対に許さない――裁判、はじまる

筆者は当該書籍内容について「和解条項違反ではないか？」との確認を、著者である
弁護士に対しておこなったが、返答は「実際の事件をモチーフにしたオリジナル作品で

す。したがって、実際の事件の和解条項とは無関係です」とのことであった。一方、筆者が懇意にしている別の弁護士に同書を読んでもらった上で確認を求めたところ、「ご指摘の漫画は、ほぼ実際の経緯そのままでして、和解条項に基づく公表内容の7項のうち、『相手方の信用を損なう行為』に該当する可能性は否定できないのではないかと考えます」との見解であった。

さらにPUの和解条項違反は続いている。ユニオンのYouTube動画制作も請け負っている映像制作集団のT監督によるドキュメンタリー映画「アリ地獄天国」の制作が争議時から続けられており、近々公開される予定なのだ。内容はN氏を主人公とし、引越社時代の労働環境や彼が受けたハラスメントを記録するものだが、試写会で映像を見た関係者の証言によると、事件当時の引越社の悪辣ぶりが生々しく表現されているものの、あくまで在籍中のN氏視点からの描写のみであり、和解を経て会社がどう変わったとか、退職後のN氏の状況を記録したものではなかったという。

これもまた、一方的な引越社批判であり、和解条項違反が疑われる。しかも、その映画では語られていない重大な変化がN氏に起きているのだ。詳細は後述するが、PUにおいてこのN氏にまつわる一連の事象こそ、労働運動に共感している筆者をして「ブラックユニオン」と銘打つ書籍を書かせる原動力となった、恐るべき非道ぶりだったのである。（早く続きを知りたい方は、後述の『プレカリアートユニオンの実態』を続けてご覧頂きたい）

ちなみに引越社では本件争議以降、従前は管理監督者として扱われていた営業所の支店長職について、決裁権限や時間管理の実態等を鑑み管理監督者から外し、残業代支払い対象とするなど改善を実現させている。

「関西生コン」事件

セメントや生コンクリート製造業界の労働者でつくる「全日本建設運輸連帯労働組合関西地区生コン支部」（略称は「連帯」、通称は「関生」かんなま）の幹部や組合員が、2018（平成三十）年以降相次いで逮捕されている。2018年8月、滋賀県警が執行委員長の武建一氏を、倉庫建設工事をめぐる恐喝未遂容疑で逮捕したことを皮切りに、恐喝未遂や威力業務妨害容疑などでこれまで幹部、組合員ら約60人が、わずか1年あまりの間に逮捕されており、中には実刑判決を受けた者さえいるのだ。

ひとつの団体の関係者で一度にこれだけの逮捕者を出すのは異常事態としか言いようがないが、その団体が労働組合であることも奇妙である。労働環境の改善を目指す組織が、恐喝や威力業務妨害に至ってしまった理由は何なのか。

そもそも生コンを製造する過程では、セメントメーカーが生コン製造工場に原材料を運び入れ、水や砂を混ぜることで生コンとし、ミキサー車などで工事現場に運び入れる。その過程で各拠点間の輸送を担う業者は中小企業が多いので、過度な競争による運賃値下げを避けるため、一部業者が協同組合を結成し、仕事を共同受注することもある。

その中で関生は、セメントやコンクリート業界で働く人、特にミキサー車の運転手らが加盟する労働組合である。活動目的として掲げているのは「大企業にはさまれた中小企業の労働者が、劣悪な労働環境に陥ることを防ぐ」ことだ。しかし彼らが実際におこなっていたのは、自分たちと関係が深い協同組合と業務提携し、協同組合に加盟しない業者（アウト業者）に対して組合への加盟を要求すること。この活動への見返りとして、関生は協同組合の売上の一部を報酬として得たり、アウト業者を排除して輸送業務を掌握することで、セメントメーカーに輸送料の値上げを要求したりすることを資金源にしていたのだ。

関生の手口は以下のようなものである。
・生コンを用いる建設会社や材料調達を担う商社に出向き、協同組合加盟会社から仕入れるように要求
・生コンの出荷、輸送、圧送などに、協同組合加盟会社を用いるように要求
・要求を拒否すると、「待遇改善要求」と称して作業車を道路上で駐車し現場打ちを邪魔する
・その様子を撮影しつつ、「道路使用許可を取っているか」「警察に届け出ている許可証を見せろ」と嫌がらせをする
・組合未加入業者のドライバー募集に組合専従者を応募・採用させ、入社後頃合いを見計らって「待遇改善」と称してストライキをおこなったり、経営者に対して要求を出したりする
・組合ぐるみで労働争議を起こし、街宣活動をおこなう。労働委員会も巻き込みながら、相手企業が音を上げるまで要求を続ける

ちなみに「契約の要求」といっても「脅迫」に近いもので、実際にメンバーの逮捕に繋がった際は、協同組合幹部が生コン調達をおこなう会社を訪れ、自分たちと契約しないと「大変なことになりますよ」「何かあるかもしれませんよ」などと複数回にわたって圧力をかけたと報道されている。

実際、このような労働争議や要求、解決金支払いに耐え切れず、あえなく倒産・破産してしまった「近畿生コン」「段生コン」といった企業も存在している。相手企業を潰してしまうような行為が果たして組合活動と言えるのか大いに疑問だ。

ちなみに、立憲民主党の衆議院議員、辻元清美氏と関生との関係は以前より取り沙汰されている。1998（平成十）年分の政治資金収支報告書に「連帯がパーティー券50万円分を購入」、1999（平成十一）年分の収支報告書にも「連帯幹部2人から計100万円の寄付」などが週刊誌の報道で明らかになっている。週刊誌側からの取材に対して辻元事務所は「武建一氏や連帯から献金を受け取った事実はない」旨の回答であったが、夕刊紙の追加調査によって、確かに98年分の収支報告書に「政治資金パーティーの対価に係る収入」として、「全日本建設運輸連帯労働組合」から50万円を受領していたことが記されていたうえ、99年分の収支報告書では、個人の寄付として、連帯労組や関生支部の関係者とみられる5人から50万円ずつ、計250万円を受け取ったとの記載もあった。

さらには、2014（平成二十六）年の政治団体収支報告書によると、辻元氏は「大阪兵庫生コン経営者会」なる団体から計15万円の寄付を受けている。この団体は関生の関連団体で、経営者側の代表としての交渉窓口として存在しているのだ。普段は厳しく政権を追及する姿勢を見せる辻元氏においては、関生にまつわる一連の事件についても、ぜひ国民が納得する説明を期待したいところである。

プレカリアートユニオンの実態

プレカリアートユニオン（以下「PU」と表記）は2012（平成二十四）年に結成された合同労組であり、「ブラック企業とたたかう労働組合」、「ブラック企業の駆け込み寺から砦へ」をスローガンに活動している。おもな対象は若い世代の正社員や、契約社員、派遣、パート、アルバイトなどの非正規雇用者。日本労働組合総連合会（連合）の構成組織である全国コミュニティ・ユニオン連合会（全国ユニオン）を上部団体としている。執行委員長の清水直子氏は大学卒業後、労働問題の専門誌を経てフリーライターに。非正規が中心の個人加盟の労働組合の活動を経て、2012（平成二十四）年にPUの結成に参画した人物だ。

しかし今般、複数の内部関係者の告発により、プレカリアートユニオンの従業員（書記局員）の待遇については全員が残業代、有給休暇、深夜休日割増のいずれもが不支給という劣悪なものであることが判明。その後、状況を憂いてユニオン内に創設された組織内労組からの団交要求を当初は拒否した他、清水氏から組合員に対するパワハラ行為や、会計情報隠蔽など、ブラック企業も驚く違法運営ぶりが連日報道される事態となっている。

同ユニオンの書記局メンバーとして組合活動に従事していた前田史門氏は、執行部の運営方針に異議を唱えて労組内労働組合「デモクラティック・ユニオン」（現：DMU民主一般労働組合、以下「DMU」と表記）を結成し、権利回復のために闘争中である。

これまで「労働組合潰し」といえば、声を上げられることを忌避したいブラック企業による不当労働行為だと相場が決まっていたが、これは「労働組合による労働組合潰し」という構図になる。違法性が疑われる事案が多数、証拠とともに告発されていることをきっかけに、筆者もＰＵの元執行委員であったメンバーをはじめ、複数の内部関係者に直接取材をおこなった。そこで明らかになった衝撃の実態と、ＰＵの問題点について以下詳しく検証していこう。

（１）翼賛選挙と独裁体制

本来、労働組合の代表者や役員は、組合員の直接無記名投票によって選出されるか、投票権を持つ代議員を組合員による選挙で選出することで、組合員の意思に基づいて組織を変えていくことができるものだ。

しかし清水氏は、定期大会で投票権を持つ代議員を規約に沿って組合員に選挙させることなく直接指名し、清水氏にとって都合のよい人物を大会に出席させるか委任状を提出させ、結果的に毎年必ず氏が当選する仕掛けを作り上げてしまった。そして書記局スタッフの労働条件を決めることができる執行委員会（会社でいう取締役会）も皆清水氏が選んだ人物で占められており、事実上、清水氏の意向次第で全てが決まってしまう形になっている。

ＰＵの組合員は選挙権と被選挙権をいずれも剥奪され、どんなに不満があっても清水氏を批判し、執行部を入れ替えることができない無権利状態に置かれている。スタッフが労働条件の改善を求めて清水氏に意見することで不興を買い、逆に解雇など不利益な扱いを受けてしまいかねない。また清水氏以外の執行委員に相談しようとしても、全員清水氏の息がかかった人物である以上、結果は見えているわけだ。

一方で清水氏への報酬は着々と増額され、さらに多額の費用をもって米国へ外遊するなど、組合の規模にそぐわず、組合財産に損害を与え、組合員に過重の負担を押しつけるような運営が横行しているという。

（2）組織内労働組合からの団体交渉要請を拒否

上記のような独裁体制に異議を持った、同ユニオン書記局スタッフの有志はユニオン内の労働組合ＤＭＵを結成。代表者書記長の前田氏がＰＵに対して団体交渉を申し入れた。

それに対し清水氏は、驚くべきことに「書記局アルバイトは労基法・労組法上の労働者にあたらない」として一度は団交を拒否。さらにその1週間後、労働組合結成は「分派活動」であるとの理由で前田氏を統制処分とした。これは一般企業でいうところの懲戒解雇の扱いだ。

ちなみに、労働者ではないことの根拠として清水氏は「業務の諾否の自由があった」と説明しているが、前田氏は「（当時アルバイトの立場であったため）清水委員長から業務の諾否を確認された形跡さえない」と反駁している。

しかし、労組職員が労組を結成することが「分派活動」と言われるならば、職員は労働基本権をいっさい行使できず、無権利状態に置かれてしまうことになる。清水氏は、相対するブラック企業に対しては労基法遵守を要求し、団交に応じない際は厳しく非難しているにも関わらず、自らが使用者の立場に立つや否やたちまち変節を遂げ、内部組合の壊滅を図ろうとしているわけだ。これは明らかに悪質かつ典型的な不当労働行為であり、普段の主張と大いに矛盾しているのではないか。

本件は都労委に対して「不当労働行為審査事件」（平成31年（不）第20号プレカリアートユニオン事件）として、および東京地裁に対して「統制処分無効確認仮処分事件」（東京地裁民事36部・平成31年（ヨ）第２１０３３号事件）としてそれぞれ係争中である。

（3）会計情報を隠蔽

労働組合では、会計帳簿や寄附者の氏名は、少なくとも年1回、全組合員に公開しなければならない決まりがある。しかし清水氏はこれを隠蔽しており、組合員であっても、自身が属する組合の収支や各職員の待遇などについて一切知ることができない状態に置かれている。そうなると資金使途も一切不明であるから、執行委員を含む誰ひとりとして、具体的な根拠をもって清水氏の違法行為を批判し、内部でそれを是正させることができない状況に置かれることになる。

（4）組合員への賃金および残業代不払い

ＰＵのスタッフは全員残業代・深夜割増なし、有休なし、休出手当なしでブラック労働を強いられている。しかも、ＰＵがブラック企業相手に団交などで要求する事項を、自分たちは一切棚上げしてスタッフの労働者性を認めないという暴挙に出ているのだ。そして、そのような違法な労務管理をする一方、清水氏自らは、支給見込年額５６０万円という、スタッフ待遇と比較すると不合理な高額報酬を得ている。この件を詳説すると長文となるため、次項をひとつ割いて経緯を説明する。

（5）組合監視用の盗聴器を仕掛ける

清水氏に対して協力的なメンバーに命令して、ＰＵ事務所内に組合監視用の盗聴器を仕掛けたことも明らかになっている。これは不当労働行為であるばかりではなく、ＰＵに電話をかけたり、直接労働相談に来られたりする方々への裏切りであり、重大なプライバシーの侵害である。

ＰＵでは、ＬＧＢＴやセクシャルマイノリティの方の労働相談や、職場でのセクハラにまつわる相談など、デリケートなプライバシーに多く触れる相談をたくさん扱っている。そもそも職員の組合活動を監視するための盗聴、盗撮をすること自体違法行為だが、その結果として、ＰＵ宛にかかってくる全ての電話と、来所される方の労働相談が録音されてしまうという問題は見逃すことができない。

（6）機密情報漏洩

ＤＭＵ前田氏に対する権利停止処分を全組合員にメールで報告し、その中であたかも前田氏が精神疾患患者であるかのような表現を繰り返し使用したり、個人的信頼関係の中で秘密にすることを前提に伝えていた学歴をアウティングした他、別の組合員については生活保護を受給している旨を言いふらすなど、人権侵害にもあたる情報漏洩をおこなっている。

（7）失業保険不正受給疑惑

ＰＵの専従組合員として一時入職し、その後も執行委員として関わっていた人物Ｏ氏について、ＰＵ在籍中は賃金を受け取らず、雇用保険受給中は交通費と食事の実費だけを受け取って、失業保険を受給しながら就労していたことが判明した。

ちなみに、次のような行為は「雇用保険の不正受給」にあたるとして禁じられている。

・就職や就労（パートタイマー、アルバイト、派遣就業、試用期間、研修期間、日雇などを含む。）したにもかかわらず、「失業認定申告書」にその事実を記さず、偽りの申告を行った場合

・就職や手伝いをした事実及びその収入を「失業認定申告書」に記さず、偽りの申告をおこなった場合

当時、Ｏ氏の出勤日は週4日、定時は9時～17時、休憩1時間であった。定時が定め

られていて、週4日もPUの事務所で働くことが、「就労」にあたらないという見解はどうみても困難である。少なくともPU在籍中の半年間は不正受給の疑いが濃厚であり、この構図には社会保険労務士資格を持つ執行委員も関与しているとの情報もある。

労働組合の活動は、組合員の人生を預かるものである以上、執行部が無責任な専断をおこなって私物化するのではなく、選挙によって組合員共同の責任で選出された役員によって指導されるべきであろう。組合員の意思と関係なく、清水氏や、彼女の息のかかった執行委員の中だけで承認される世界を作り上げたいのであれば、PUの組合費や高額な拠出金を横取りするのではなく、みずからリスクを取って出資し、株式会社などの資本多数決の団体を立ち上げて取り組めばよいのではなかろうか。そして、法律を遵守して団体交渉に応じ、書記局スタッフに相応の待遇を与えるべきであろう。

残業代不払いなど明らかに違法な組合運営をしておきながら、労働基準法の遵守や、PUの大会を適法に開催することを要求する団交を申し入れると、前代未聞の不当労働行為、および統制処分によって書記局労働者の弾圧を図るPUの姿勢は、ブラック企業を批判し、彼らに遵法な組織運営の範を示さねばならないユニオンに対する信頼を失墜させる行為ではなかろうか。

労働組合スタッフは労働者ではない!?

前項で挙げたPUの問題点の一つに「組合員への賃金および残業代不払い」があったが、この組合員の労働者性について本項を割いて述べていこう。

DMUから申し立てられた「不払い」に対し、PUは「書記局アルバイトは労働者ではない」「労働者はひとりもいない。皆活動家だ」という理由で突っぱねた。労働者ではないから、労働組合を結成して団体交渉を申し入れたことは「分派活動」であり、PUの統制や秩序、活動を乱すので、権利停止処分の対象となる…というのが、清水氏の見解である。仕事をさせているのに「労働者ではない」という主張には大いに疑問だが、詳しく双方の言い分を比較していこう

（1）PU側の見解

・当組合では、組合が取り組む争議があった場合、たとえば残業代計算のための入力作

業などを、手の空いている組合員に手伝ってもらうことがしばしばありました。
・こういった作業は、組合活動として、それぞれの組合員がお互いに助け合うということで行ってきたことで、無償のものでした。
・しかし、当組合としては、手伝ってくれている組合員に対して、わずかではありますが行動費を支払っていこうと執行委員会で取り決めをし、それ以降、組合員には行動費を支払ってきました。
・この手伝ってくれる組合員を、「書記局アルバイト」と呼んではいましたが、実態は上記のとおりで、雇用ではありませんでした。前田組合員もその手伝いをしてくれていた組合員の一人です。

（2）ＰＵ側の見解における問題点
・「手伝ってもらっただけなので、雇用関係ではない」の詭弁
ＰＵ側の見解では、「手伝ってもらった」に過ぎないから、雇用関係ではない、という主張が繰り返し持ち出される。しかし、「手伝ってもらう」という主張自体が、書記局アルバイトの従事したことが「労働」であることを裏付けるものである。

実際、「お手伝いさん」を雇っていろんな仕事を「手伝ってもらう」ことができるのは、そこに「使用者の指揮命令」があって、「業務に従事する」という関係性、すなわち「労働＝雇用契約」があるからである。

ちなみに、同じように仕事を依頼する形で、かつ雇用ではない契約形態として「業務請負」が存在するが、これは仕事の完成を約束して、その結果に対して報酬を払うものである。労務を提供する側は自主的に裁量をもって仕事をし、使用者が彼らに対して直接指揮命令する権限を持たない。一方で労働契約は、労働それ自体の提供が契約の目的とされ、仕事の完成や事務処理の結果が契約の目的とはならず、労務提供者は指揮を受けて仕事をする。

・これらの点において、単に「手伝ってもらう」という表現に変えたところで、雇用関係の成立からは逃れられないというわけだ。実際は指揮命令をしているのに、社会保険料などのコストがかかる労働者として扱いたくないゆえに、全員業務請負だとうそぶくブラック企業の言い分を聞いているようではないか。

・しかもこのケースでは、賃金が労働能力に応じて変動し、時給制で支払われており（当初1200円、後に1500円に昇給）、雇用期間も1年弱と単発ではなく、業務内容も、月給制専従者と同一のものに従事している。明らかに労働者として扱われていることは間違いない。

（3）仕事を手伝った組合員には等しく「行動費」が支払われていたかのような表現当組合としては、手伝ってくれている組合員に対して、わずかではありますが行動費を支払っていこうと執行委員会で取り決めをし、それ以降、組合員には行動費を支払ってきました。

との見解を読む限り、組合活動を手伝った組合員には等しく行動費が払われているかのように読み取れるが、実際は「書記局アルバイト」として採用された者でなければ、同様の手伝いをしても無償であった。かつ、その労働能力に応じて行動費は変動していた。

その他「労働者性」が該当する要件について

ＤＭＵからの「団体交渉申入書」によると、前田氏は、ＰＵメンバーから「バイトしませんか」と勧誘されて入職し、申し入れ時点での直近3ヵ月の平均賃金は17万800 0円、平均労働時間は120時間にも及んでいた。作業場所も、秘密書類の持ち出しが禁じられていることからPU事務所内が原則とされており、その事務所内には、「産休・育休取得は義務」「夜8時以降労働禁止」といった貼り紙さえ存在している。

賃金についても、所要時間ではなく、労働日と労働時間を申告することで支払われている。さらに、その後採用された書記局アルバイトに至っては、タイムカードで勤怠管理をしているという実態もある。

とすれば、その名称から当然に理解されるように、「書記局アルバイト」とPUは明らかに「雇用関係」が成り立つといえよう。

なお、労働法上の義務を免れようとする目的から、PUでは労働者に対し「業務委託費」扱いの支払調書を交付してくることがあった。しかし、仮に業務委託者の関係に立つとしても、上記の労働時間や作業場所の指定などの拘束性を考慮すれば、請負労働者として労働組合法上の労働者にあたることは明らかである。

ＰＵ自身も労働者の存在を認めている

ＰＵでは一貫して「労働者は存在しない」「行動費（月給制・時給制を問わず、すべてが「行動費」と呼ばれている）は賃金ではない」と主張しているが、その主張と矛盾する情報が確認できる。厚生労働省のウェブサイト上で、ＰＵが「労災保険」と「雇用保険」に加入していることが検索できるのだ。ご存知のとおり、これらの社会保険は「労働者をひとりでも雇っている事業所」に加入義務がある。つまり、労働者を雇っていないと加入することはできないのだ。

「労働者はいない。皆活動家だ」と主張するＰＵが社会保険に加入していることに、書記局スタッフは衝撃を受けていた。なぜなら、任意の組合活動である街宣活動に参加して、その中で暴力を受けるなどして負傷しても、労働ではないため、労災保険の対象にはならないはずだ。普段仕事をしながら、休日を返上して組合活動に参加する一般組合員はなんら保護されないというのに、清水氏など一部の幹部メンバーは保険で守られ、厚生年金や社会保険の事業主負担分を組合員のお金で支払わせ、街宣活動にはなるべく参加せず、老後は悠々自適の年金生活を享受できることになるわけだ。これは「労働貴族」だと批判されても致し方ないのではあるまいか。当然ながら、「労働者はひとりもいない」という説明も、自らの特権的立場を棚上げしたでっち上げであることが明らかである。

結局のところ、ＤＭＵの結成とＰＵへの団体交渉申入は正当な行為であり、ＰＵが何ら合理的な理由を示すことなく、これを拒否することは許されない。（ＰＵは、団交拒否をきっかけに申し立てられたＤＭＵからの不当労働行為審査事件において、3月25日、白紙の答弁書を提出している）清水氏は根本的に、労働契約法上の「労働者」と労働組合法上の「労働者」を区別することができていないのではないだろうか。

未だ語られていない、ＰＵとＮ氏とのその後

先述のＮ氏は、引越社在籍時の弁償金支払義務を争ってＰＵに加入。引越社ではテレアポ部門、シュレッダー係と配転され、最終的に懲戒解雇される事件の当事者として、2年半にわたる争議に参加した後、最終和解を機に引越社を退職。ＰＵの専従組合員と

なることで合意していた。ここまでは、一般報道でも伝えられていた通りだ。

しかし、その後PUの活動や報道においてN氏が姿を現すことも、氏の名前が出てくることさえないままだ。2年半の争議を総括する、いわば氏にとっての晴れ舞台であるはずの「引越社争議解決報告会」の場にさえ、彼はいなかったのである。

N氏は、ユニオン関係者の誰にも挨拶をしないまま、忽然と姿を消してしまったのだ。本書を執筆している2019（令和元）年6月末時点においても、PU関係者が連絡をとろうと試みても、なんら返答がないままだという。原因は、PUの姿勢と清水氏のパワハラだといわれている。

N氏はPUの専従職員となる際、月額30万円の賃金を希望していたのだが、氏が参画して最初の執行委員会において紛糾が起きた。氏の賃金額について、その時点でまだ何も合意されていなかったのだ。結果的に月額28万円で妥結することになるのだが、清水氏は金額について難色を示し、N氏に対してこのように言い渡したという。

「自分で30万円稼げるようになるまでは、雇用保険をもらいながら修行しなさい」

ここでいう「修行」とは、フルタイムでPUの仕事に従事しながら、PUから賃金は支払わず、「求職中」ということにして雇用保険を受給する、というスキームのことである。これは明らかに不正受給にあたるのだが、当時の執行委員会議事録には、実際次のような記述がある。

・Nさん　１８０日　９月末まで？雇用保険を受給して修行。

【専業の予定】10時〜19時（１時間休憩として１日８時間）フルタイム

・自分で相談を受けて交渉、解決をしたい

・運送業、ＩＴの組織化をしたい

・額面30万円希望。成り立たせるためには、何が実現できればよいか、シミュレーションをする。

しかしこの「修行」はＮ氏にとって過酷なものであった。

そもそも雇用保険不正受給のままで働かされること自体が氏にとって不本意であった上に、家庭においては妻の妊娠が判明し、自宅のローンがあるにもかかわらず、雇用保険が切れた後の賃金の額は希望に満たないという状況である。当時、組織内で共に活動していたメンバーは「Ｎさんは毎日、基本的にモチベーションが低そうでした」と証言している。

さらに、清水氏による苛烈なパワーハラスメントも目撃されている。具体的には、次のような会話があったようだ。

清水「Nさん、この前渡した（労働法の）本は読んだんですか？」

N「はい、まあ一応……」

清水「一応というのは、何ページ読んだんですか」

N「まあ多少は……」

清水「実際に読んだページ数を聞いているんです！」

N「……ごめんなさい。読んでません」

清水「読まないとすると、どうすれば30万円稼げるようになると思いますか⁇」

ここで労働法の本を「読む」時間については、「就業時間外」で確保するというのが前提になっている。すなわち、サービス残業を命令しているわけだ。さらに「稼ぐ」というのは、コンスタントに事件を和解させて、拠出金を組合員から徴収することを指す。30万円を「稼ぎ出す」ためには、毎月１５０万円の和解をまとめる必要があるということになるのだ。

このようなやり取りが毎週繰り返された後、清水氏はN氏にテレアポ業務を命じた。

ここでの「テレアポ」とは、組合費の滞納者に電話をかけ、いつ払えるのかと取り立てをする業務である。この業務自体がストレスフルなものであるうえ、N氏にとっては、引越社でのテレアポ部門を思い起こさせる辛い仕事であったに違いない。氏が姿を消したのは、テレアポ業務を命じられてから1週間程度後だったようだ。

その後、多くの組合員が電話、LINE、電報と様々な手段でN氏にコンタクトをとろうとしたようだが、何ら応答がない状況が続いているとのことである。個人的に氏と繋がりのある人の証言によると、「精神科医からドクターストップがかかり、ストレス源であるプレカリアートユニオンにはもう接触するなと言われたのだろう」ということであった。

PU内にはN氏同様、清水氏のパワハラに耐えかねて去って行った人物は複数存在するという。しかし、熱心に活動していた、組合の将来を担うべき組合員が去っていったことを顧みる者はおらず、組合運営上の問題はなかったのかと反省する動きもないという。

一方で、そのように去らせてしまったN氏を、PUは組合の宣伝のため、いまだに最大限利用し続けている。実際ユニオンのTwitterアカウントのプロフィール写真は、シユレッダー係時代のN氏の画像のままだ。（2019年7月10日現在）既に組合活動から離れているのに、いつまでもユニオンの代表的な人物として知られ続けることになり、氏のこれからの求職活動上不利になりかねないのではないか。

また先述のとおり、担当弁護士の一人は、旬報法律事務所の母体にあたる出版社の旬報社から、ほぼ完全に引越社と分かるような形で、引越社事件を描いた漫画作品を出版している。これは和解条項違反であることが疑われるうえに、モデルとされているN氏のコメントやあとがき等が一切掲載されていないため、本人が知らないままに利用されているのではではないかとの声もあるのだ。

当時、N氏と一緒に活動していた内部関係者はこのように証言する。

「Nさんは、引越社を良くしていくため、働き続けながら戦うつもりだと周囲にも公言していました」

「営業職への復帰が認められた後のNさんは、非常にはりきっていらっしゃって、これから会社を変えていくんだ、と元気はつらつだった」

しかし、「会社を変えたい！」と引越社での継続勤務を望んでいたはずのN氏は、突然、集団訴訟の和解の一環として退職することになってしまった。この不可解な展開については つい先日、驚きの事実が明らかになったばかりだ。なんと、PUは引越社との和解協議において「N氏が在職のままなら和解金は●万円、退職するならプラス200 0万円」という具合に、N氏の退職和解を自ら会社側に提案し、さらには「会社としてはどうしたいのか」と御用伺いまでして価格交渉のカードにしていたというのだ。（引越社（損害賠償）事件・東京地裁H29年（ワ）第39524号裁判資料において確認可能）ということは、PU側はN氏に対して「集団訴訟の和解のために必要だから…」と、氏の退職を迫ったのであろう。

先出の内部関係者はまたこのようにも証言する

「不当配転から復職できたことをあんなに喜んでいたNさんが、退職前提の交渉をしていたとは到底思えない」

「和解直後、Nさんは『本当は最高裁まで争って判決を取りたかった。でも和解せざるを得なかった』とこぼしていた。円満の合意退職なら、PUを離れる理由はないはず」

会社を変えていきたいという志を持ち、継続勤務を希望した人物が、頼りにしていたはずのユニオンから退職を強要されたのだとしたら、まったくもって容赦できない事態だ。さらに、結果的にPU専従となった際にメディアで実名を出したということは、N氏は引越社の改善のため、ユニオンの立場から長期的に働きかけ続けるつもりだったと思われる。いずれどこかに転職するつもりの人物が、ユニオン専従者として実名をメディアに公表するはずはないからだ。ということは、PUは自分達の利益のためにN氏を使い潰し、氏はその犠牲になってしまったのではなかろうか。

厳しく批判していた「罪状ペーパー」を、自分たちも掲出

「罪状ペーパー」とは、引越社がN氏を「会社の名誉を傷つけた」として懲戒解雇した際、氏の氏名と顔写真が入った「罪状」と題した紙（罪状ペーパー）をグループ全店に貼り出したことで大いに問題となったものだ。PUはこの行為に対して、「N氏の名誉を毀損し、就労環境を悪化させたことを釈明、謝罪すること」などを要求すると共に、

Ｗｅｂサイトに引越社の連絡先（住所、電話番号）を掲載し、直接意見を伝えるように促している。

しかしＰＵは、自らが強く批判したことと同じ行動を、ＰＵ内労組結成・団交申し入れへの報復としておこなっていたことが判明している。ＰＵの事務所（一般社団法人ユニオン運動センター）の入口に、ＤＭＵ前田氏に対する罪状ペーパーを貼り出していたのだ。

この「制裁の通知」には顔写真こそないものの、清水氏が臨時執行委員会を開催して前田氏を権利停止処分にしたと旨を、あたかも前田氏がＰＵの規約に基づいて実際に権利停止処分にされたかのように告知する内容であり、氏が精神疾患者であるかのような表現も繰り返し使用されている。懲戒解雇事由を書き連ねた「罪状ペーパー」と同じ意図であると考えてよい。

氏は組合員となってから3年、ＰＵ職員となってからは1年間、組合員の生活と権利を守るために、残業代も有給も得ずに尽くしてきた人物だが、その前田氏に対して罪状ペーパーを掲出するにとどまらず、ＰＵ全組合員と賛助会員（合計５００名前後）に送付されるとともに、権利停止処分の件はＰＵブログにも掲載され、Ｔｗｉｔｔｅｒの固定ツイートにも採用するという仕打ちを受けているのだ。

名誉毀損の指摘を受け、組合員誹謗のブログ記事は削除

清水氏は2019（平成三十一）年4月、運営するユニオン公式ブログ（はてなブログ）に、「前田組合員とデモクラティック・ユニオンについて」という記事を投稿。DMUの組合活動を意図的に前田氏個人の行為に、PUの役員（使用者）を一般組合員と言い換える形で、「PU組合員に嫌がらせ行為をしている」「権利停止処分を受けた」といった事実とは異なる内容を記していた。

そこで、この記事が名誉毀損にあたる違法なものであるとして、DMUが運営元のはてなブログに削除を申し立てたところ、はてな社はこれを相当と認めてPUに意見照会をおこない、合理的な反論または自主的な削除を求めた。これを受けPUは本件記事を自主的に削除することとなった。

しかしその展開が悔しいのか、削除した記事と同一内容をツイッターに連続投稿して全員が読める状態になっている。これ自体名誉毀損罪の上塗りであるばかりか、受信者

からすれば異様に感じられることだろう。

要求と実態が乖離した「ダブルスタンダード」状態

本書執筆中の２０１９（令和元）年6月23日、ＰＵで臨時大会が開催された。名目は、前回大会（２０１８年9月）以降の活動成果の報告と、これまでの定期大会開催において手続上の不備があったため、従前の大会、および執行委員会の決定を追認するため、というものであった。対象となる決議の中には、先述のＤＭＵ前田氏に対する権利停止処分も含まれる。民法上は、追認が成立して効力を発揮するまでの間、当該権利停止処分については無効となるはずである。しかし当日、臨時大会に出席しようとした前田氏は、ＰＵ側より「権利停止処分に瑕疵はなく、有効だから出ていけ」と要求され、警察力を用いて会場から排除される結果となってしまった。

その際の様子等はＤＭＵのブログに動画として掲載されているのでご参照頂きたいのだが、ほんの数か月前まで同志として共に労働運動に取り組んでいた若い仲間を、鬼のような形相と暴言で寄ってたかって排除しようとする姿勢には嫌悪感しか残らない。そもそも手続に瑕疵があったことを追認するための臨時大会であるのに、自分達にとって都合の悪い前田氏にまつわる点のみ「瑕疵はない」と主張することも大いに疑問だ。しかも警察権力を介入させるということは、内輪のトラブルさえ自力解決できない団体なのか、こんな団体が経営者相手に交渉できるのかと、周囲には心配材料しか残らないのではなかろうか。

2012(平成二十四)年4月に記されたPUの「結成宣言」には、このような理想が掲げられている。

「ワーキング・プアからの脱却：仲間を増やして労働条件の維持向上を行う」

「生活のよりどころとなること：生活保護、第二セーフティネットなどの制度申請支援(中略)、仲間の行うさまざまな活動と組合活動の連携によって、豊かな労働組合運動を行う」

確かに、使用者相手には実を結んだ活動も多々あった。しかしPUがいったん使用者の立場に立ってしまうと、「残業代も払わずにスタッフを使い潰す」「団交に誠実対応しない」「人事や予算の私物化」「スタッフへのパワハラ」「自分達に都合の良い法律解釈」…など、これまで彼ら自身が非難してきたブラック企業経営者と同じ行動をとってしまっている「ダブルスタンダード」状態ではないか。今彼らに必要なのは、事実を指摘し改善を求める勢力を力づくで排除することではなく、対話によってお互いに補完し、共生の道を探ることではないだろうか。悪辣なブラック企業の撲滅を願い行動している筆者も、労働組合の存在意義と存在価値は重々認識しており、ぜひその真価を発揮してほしいと強く希求している。

第三章

ブラックユニオンからの被害を防ぐための方法

ブラックユニオンへの対応策

ここまで、ブラック企業も驚くレベルの悪質ユニオンによる被害を見てきた。中小零細企業が被害に遭ってしまってはひとたまりもなく、実際に倒産を余儀なくされた会社もある。

ではここから、ブラックユニオンの被害に遭わないための方法、そして万一彼らのターゲットとなってしまった場合の対処法について、実践的ノウハウをお伝えしていこう。

何といっても、最大の防御策となるのは「予防」である。すなわち、あなたの会社の労働環境を良好にし、法律を遵守し、払うべき賃金はきっちり払い、どこからも後ろ指を指されないフェアな経営と労務管理をおこなうことだ。もちろん、これは「ブラックユニオンの被害に遭わないこと」だけが目的というわけではなく、「企業経営として理想的な状態を実現すること」でもあり、それによって次のような成果を得られるという大きなメリットも存在するのである。

・ワーク・ライフ・バランスが充実し、従業員が心身共に健康な生活を送れるようになる
・ノー残業が定着し、育児や介護などフルタイム労働が困難な事情がある人も含め、多様な人材が活躍できるようになる
・結果として、サービス品質の向上に繋がる
・優秀な人材が全国から集まり、定着する
↓顧客や地域社会から信頼され、応援される

「仕事の四象限」というものがある。「重要度」「緊急度」で仕事を分類した際、どうしても後回しになってしまうのが「重要だが緊急ではない」領域なのだが、まさに「良好な労働環境を構築する」ことはこの領域に入る。平和で何もトラブルが起きていないときこそ予防策を講じるに適しているし、多くの企業では優先度が低いために策を講じていないから、少し注力するだけでも差がつきやすい領域なのだ。

やるべきことは様々あるため、以下優先順位をつけると、

「手を打っていなければリスクが高い、今すぐ着手すべき事項」＝「Sランク」

「一般的にやっておくべき事項」＝「Aランク」

「今着手しておけば、他社に有意な差をつけられる歓迎事項」＝「Bランク」

と定義し、順を追って説明していこう。

就業規則を整備する（Sランク）

「なぜ就業規則が必要なのか？」と問われたら、「法律で決まってるし仕方なく…」といった認識の経営者は多いかもしれない。実際、労働基準法においてはひとつの事業所で常時10人以上の労働者（パート、アルバイト含む）がいる場合に就業規則を作成し、労働基準監督署への届出の義務があり、届出をしないと、30万円以下の罰金が科せられる決まりになっているからだ。

また「そんなものにわざわざお金をかけなくても……」とばかりに、ネット上で閲覧できる雛形をそのままコピーして自社の就業規則としている所も多いだろう。さらには法律に則り、「ウチは社員10人もいないから……」と、そもそも就業規則を備えてさえいない会社もあるようだ。

しかし、就業規則には大きなパワーがある。キレイゴトに聞こえるかもしれないが、「就業規則が会社を守る」という言葉は事実なのだ。

就業規則は会社のルールブックそのものだ。就業規則がある会社は、内容を定期的に見直し、必要に応じて改定し、労基署に届け出て、従業員がいつでも中身を見られるようになっていなくてはならない。それらができていないようであれば、早急にとりかかるべきである。

スポーツには万国共通のルールがあるから誰から見ても分かりやすいし、プレイヤーは安心して楽しくプレーができる。ルール違反は即刻ペナルティが科せられるのはスポーツの世界では当たり前だが、それが企業となるとどうだろうか。

素晴らしい経営理念を掲げているのに、従業員にあまり浸透していない会社。従業員の考えや行動がてんでバラバラな会社。問題行動を起こす従業員に対して、厳しく対応できない会社……。これらはもしかしたら、就業規則を整備することで解決できるかもしれない。

そもそも就業規則とは、賃金や労働時間など、使用者と従業員が守るべきルールをあらかじめ定めた規則である。労働契約法においても、「労働契約の内容が就業規則で定められている労働条件となる」と明確に定められている。会社も従業員も安心して働ける環境を作るためのルールであり、組織内の問題がトラブルに発展しないように対処でき、また万一のトラブルの際には会社を守ってくれる存在なのだ。病気になってから薬を飲む「対症療法」ではなく、普段から病気にならない体づくりをおこなう「健康管理」のようなもの、と言えばイメージが明確になるだろうか。

従業員がルールを守って気持ちよく仕事をしてもらうためには、「納得感」が重要になる。そして納得感を持ってもらうためには、「当社の目標や方向性」「なぜ当社では○○が大切なのか」といった明文化された説明が必要だ。それには就業規則が最適なのである。

同時に、いつ起きてしまうとも知れない労務面のトラブルや労働問題についても、「当社では○○を問題行動と判断する」「問題行動を起こした場合は、こんなペナルティがある」と明示することで、トラブル発生を未然に防いだり、トラブルが厄介な労働問題に発展することを防いだりする効果があるのだ。逆に就業規則がなければ、問題に対して会社が強い態度で臨むこと自体が難しくなってしまう。

就業規則には労基法で定められた、必ず記載しなければならない事項がいくつかある。

（1）労働時間

始業、終業の時刻
休憩時間：その長さ、与え方
休日：その日数、与え方
休暇：年次有給休暇、産前産後休業、生理休暇、特別休暇等
就業時転換に関する事項：交替期日、交替順序等

（2）賃金

賃金（臨時のものは除く）の決定、計算方法：
賃金の決定要素と賃金体系
賃金の計算方法
賃金の支払の方法：直接支給、銀行振込等
賃金の締切日・支払日：

月給、週給、日給の区分。月給、週給は月の何日に締め切って、何日を支給日とするか
昇給に関する事項：昇給の時期、その他の条件

（3）退職
退職、解雇、定年の事由
退職、解雇、定年の際の手続き

その他、会社独自の規定として、欠勤や遅刻、問題行為による懲戒処分などのルールや、休職に関する取扱いなどもルール化できる。就業規則は、アルバイト・パートを含め、常に雇用している従業員が10人以下の場合作成する義務はないものの、就業規則が存在しない状態は大きなリスク要因になり得る。なぜなら、その会社にはルールが存在しないのと同様だからだ。ということは、従業員が遅刻や無断欠勤をしたり、悪意をもって会社に損害を与えるなどのトラブルが起きたとしても、「そういうことをしてはいけない」というルールがないのだから、罰したり処分したりできず、対応が場当たりになってしまうということだ。これは組織の存亡に関わる大問題だ。従って、たとえ10人

未満の組織であっても、就業規則を作成することには大いに意義があるのだ。就業規則で規定していなければ対応できないこととしては、具体的には次のようなことがある。

・遅刻や欠勤に対応できない

社員が遅刻や欠勤をした場合、通常会社は法定の限度額を超えない範囲内で、働かなかった時間分の給与を控除できる権利がある。しかし就業規則がなければ、賃金の算出基準も控除の規定も根拠がなくなり、その権利を行使できない可能性があるのだ。

・休職に対応できない

就業規則がなければ、どんな条件なら休職できるのか、休職期間がどれくらい続いて状況が変わらなかったら退職となるのか、といった規定がないため、休職期間が長引いて退職となる際にトラブルになる可能性がある。

・退職に対処できない

民法の規定では、従業員は退職を申し出てから2週間経てば会社を辞めることができる。しかし実際は、業務の引き継ぎや残った有休の消化などを考えると2週間では足りないことが多いはずだ。こんなときに就業規則があれば、会社のルールとして「引き継ぎを確実におこなうこと」といった退職に関する取り決めをすることができる。一方で就業規則がなければ業務を放置して辞めてもお咎めなしになってしまうリスクがある。

・懲戒ができない

無断欠勤や情報漏洩、職務怠慢など、従業員の素行不良や犯罪行為が明らかになった場合、会社は懲戒処分（譴責、減給、降格、出勤停止、解雇など）をおこなうことで反省を促し、再発を防止するわけだが、そもそも就業規則に懲戒の規定がなければ、会社都合で処分することはできなくなってしまう。もし就業規則ナシで懲戒処分や解雇をしてしまったら、「そんなこと、就業規則に書いてない！」「不当解雇だ！」としてトラブルになり、訴えられてしまう可能性もあるのだ。そんな状態で裁判になったら、会社は確実に負けてしまうだろう。

・制度を使えない

前項の「休職」や「懲戒処分」をはじめ、退職金、配置転換や出向、有休の計画的付与などは就業規則で明示しなければおこなえないことになっている。また、特定の労働者を雇い入れた事業主に対して支給される雇用関係助成金を申請する際にも、要件として就業規則の作成と備え付けが含まれていることも多い。

その他、労基署が関与する事態や労働委員会のあっせんなどの場面においても、就業規則は真っ先にチェックされる。いわば、就業規則によって会社が判断され、就業規則が会社を守る盾となり得るのだ。逆に考えれば、就業規則が未整備のままでは、会社から従業員に対する指導や処分は全て「不当労働行為だ！」「パワハラだ！」などと騒ぎになるリスクと常に隣り合わせになるということである。矛も盾も持たないままで戦場に放り込まれた状態では、手も足も出ないことは明白だ。早急に対処すべき事項である。

採用と面接を見直す（Aランク）

いくら就業規則を完璧に整えたところで、周囲に迷惑をかける問題社員、いわゆる「モンスター社員」はどうしても入り込んでくる可能性がある。彼らの特徴は「勤務態度が怠慢」「遅刻や欠勤の常習犯」「社内外問わず、周囲とトラブルを起こす」「与えられた仕事を完遂できない」「すぐに会社や上司の悪口を言う」…といったもので、彼らが社内にいるだけで会社全体の士気が下がり、他の優秀な社員は会社を去り、トラブルに懲りた取引先が手を引く…など、ビジネスのみならず会社そのものの評判や信頼まで毀損してしまう可能性がある。

とはいえ、日本の現行の労働法のもとでは、たとえ問題がある社員であっても企業側が解雇権を行使することは厳しく、簡単に解雇ができないという前提で対策をとるしかない。合法的な解雇手法については後述するが、まず企業側で対処できるのは「採用を見直し、モンスター社員に敷居を跨がせない」ということだ。幸い、企業側には採用・不採用の自由はある。

（1）「不採用基準」を決める

「今みたいな人手不足の時代に、いろいろ選り好みしてたら採用なんてできない!!」というご意見はもっともなのだが、それで採用基準を緩くして問題社員が入り込んでしまっては後から苦労することになる。それより、入口段階で多少遠回りをしても、手離れがよいほうが好ましいのだ。

応募希望者をどのような点で加点評価するかは各企業の自由だし、「最終的に迷ったら人柄で決める」といった判断もそれぞれで良いが、逆に「いくら優秀で素晴らしい実績を持った応募者でも、この点が合致しなければ勿体なくても不採用とする」という

「不採用基準」を明確にしておくことが望ましい。たとえば、他が満点でも「書類提出期限に遅れたり、面接に連絡なしで5分以上遅刻したらNG」「入社後1年未満での自己都合退職はNG」「転職理由に不満要素があっても良いが、それが全て他責の場合はNG」…などだ。

どのような基準を設定するかは各企業および経営者の考えが反映することになるが、「スキルよりも企業風土とのマッチを重視」という前提で考えればよいだろう。そして誰が面接するとしても、例のように「5分」「1年」など客観的に判断できるようにリスト化しておき、その基準をブレさせずに判断していけば採用ミスは低減するはずである。

（2）退職理由が自社でクリアになるか確認する

「退職理由がネガティブなのはけしからん！」と考える向きもあるようだが、自ら望んで入った会社を辞めるというからには、何かしらのネガティブ要因はあるものだ。それ自体は仕方ないこととして、問題は「そのネガティブ要因が、転職先の自社において解決できるのか？」という点については確認しておきたい。

たとえば、「給与額」が不満で退職をした者の給与水準を確認し、自社でもさほど変わらないレベルの待遇しか提示できないならその旨確認すべきであるし、それでも強くあなたの会社を希望するなら、それは不自然と考えるべきである。同じことは「業務内容」にも、「転勤の有無」にも、「キャリアアップ／スキルアップの可能性」についてもいえるだろう。

（3）虚偽申告がないか確認する

面接で応募者が語る経歴や実績などは簡単に「盛れ」てしまう。実際はリーダーをやっていなくても「リーダーでした！」と自称することはできるし、新サービスの立ち上げに関わるチームに一時期身を置いていただけでも「あのサービスは自分が立ち上げました！」くらいは言えてしまうものだ。また前職を辞めた理由についても、本人は「キャリアアップのため」と説明するかもしれないが、実際は問題行動による「懲戒解雇」かもしれない。そのようなタイプの応募者は、入社後も平然と嘘をつき、周囲との信頼関係を毀損し、職場に不信感を蔓延させる元凶となり得る。採用段階でキッチリと見極め、排除しておく必要があるのだ。

まず、後者について確認するのは比較的容易だ。採用時に「退職証明書」を提出してもらい、本人の申告とそこに書かれていることが合致しているかチェックすればよい。そこには退職理由も明記されている。退職理由を掲載しないように本人から前職企業に要求することもできるが、それは逆に怪しさが増すだけであるし、そもそも退職証明書の取得自体を躊躇するような場合は、何かしらのトラブルがあった可能性が考えられるというわけだ。

そして前者の確認に際しては、採用面接時に「構造化面接」や「行動面接」といった手法をとることを勧める（詳細は【巻末付録3】で解説）。抽象的な質問に終始するのではなく、具体的なエピソードも掘り下げて聞き出し、応募者が事実を話しているかどうかを確認する手法である。これはモンスター社員の排除のみならず、面接官による評価のバラつきをなくし、優秀な人材を取り逃がさないようにできる効果もあり、採用確度が飛躍的に高まる理想的な方法なのだ。

そして就業規則が重要だというのは、この段階でも関係してくる。「経歴を偽って採用された場合」に懲戒対象となっているかどうかを確認しておいて頂きたいのだ。規則が整備されていれば、入口段階で悪意ある者を排除することができるし、嘘を言ってでも採用されようとする者は、やはり入社後も嘘をつき、何かしらの問題を起こす可能性が高いからである。

（4）個人名でネット検索する

そもそも数十分から1時間程度の面接で、応募者の全てが分かるはずがないのだ。適法な範囲で、使えるリソースは全て用いて情報収集し、多角的に判断することをお勧めしたい。インターネットにおける応募者名の検索は最低ラインであろう。面接では人当たりがよく、経歴的にも問題ないと全員一致で判断された人物が、念のためということでネット検索していたところ、業務上横領で有罪判決を受けていた人物であったことが判明したことや、SNS上で差別的・偏見的な投稿を繰り返していたことが明らかになったことなど、この段階で見極められたケースは枚挙に暇がない。

（5）正式内定前に現場の社員とカジュアルに会う機会を設ける

採用担当者だけの判断では難しいケースもあるため、応募者が入社後現場のメンバーとうまくやっていくことができるのか、実際に会う機会を設けて判断することもお勧めである。その際はかしこまった選考の場というより、ランチ等を共にし、極力普段の様子が垣間見える雰囲気であることが望ましい。その際、採用担当者は表に出ずに様子を観察し、後ほど参加メンバーから感触をヒアリングすることで、応募者のある程度の人柄などを把握することができるはずだ。

（6）面接以外の場面での振る舞いや様子を観察する

面接時のマナーについては応募者も準備し配慮して臨むため、ソツなくこなせる者が多いはずだ。見極めるなら、「選考連絡時の電話やメールのやりとり内容」「返答や提出物の期限順守姿勢」「受付での担当者への態度」「オフィス共用部分での清掃員さんや警備員さんへの態度」「待合室での様子」…など、面接時点以外の普段の行動に人柄が表れるため、よくよく観察すべきである。

（7）リファレンスチェックをおこなう

「リファレンスチェック」とは、応募者の以前の上司や同僚に対して、応募者の経歴や人柄を問い合わせることを指す。確認する内容としては、在職時の仕事内容や成果、勤務態度、退職理由などが一般的だ。

意外に思われるかもしれないが、入社後何らかの問題を起こす社員の多くは、面接での好感度が高い。彼らは面接の場で「何でもやります」「御社の商品には強い思い入れがあって…」とアピールするが、入社後、成果もあげないうちに豹変し、「この会社はおかしい！」と社内攪乱《かくらん》を始める。まさに「腐ったみかん」という言葉が示す通り、問題となる社員は、仕事ができない理由を会社や上司など周囲の環境のせいにし、まともだった社員をネガティブな感情で巻き込んでいくのだ。

もちろん、どんな環境であっても仕事を進めていくうえで不満な要素の一つや二つはあるものだ。しかし問題社員はそれを自らの内に留め置くことなく、周囲の社員に「この会社の○○はおかしい！　普通は…」「君たちも疑問に思うべきだ」などと日常的に不満を漏らし、不安感をまき散らすことが問題だ。ましてやそれがブラックユニオンのメンバーであれば、組合員獲得のために言葉も過激になるだろう。

問題社員はどこへ行っても同様の問題を起こしている。解雇が難しい時代、前勤務先への問い合わせは、会社のリスクヘッジとしても欠かせないし、そのような問い合わせを受けた側の企業も、ありのままを伝えた方が被害会社を増やさないために協力するであろう。

合法的なリストラ手法を知っておく（Bランク）

「リストラ」イコール「クビ」というイメージがあるが、実は様々な手法が存在する。実際、一般社員の解雇にまで手を付けるのは最後の手段であり、先にやるべきは「アルバイト、派遣社員や契約社員の契約打ち切り」「新卒採用抑制」「取締役の削減」「管理職ポストを減らす」「社員を一時帰休させる」「給与を下げる」「希望退職を募集する」…など、優先すべきコストカット先は数多くあるためだ。

経営者にとっては、社員を簡単にクビにできるほうが楽かもしれないが、ご存知のとおり日本では強力な法規制と判例の積み重ねがあるため、そう簡単には解雇できないのだ。解雇をおこなうためには「四要件」という慣例が存在し、そのいずれが欠けても「解雇権の濫用」となり、無効となってしまうのである。具体的には次のような条件である。

（1）人員整理の必要性

整理解雇をおこなうには、相当の経営上の必要性が認められなければならない。つまり、経営危機下でなければ認められないということだ。

（2）解雇回避努力義務の履行

正社員の解雇は「最後の手段」であり、その前に役員報酬の削減、新規採用の抑制、希望退職者の募集、配置転換、出向等によって、整理解雇を回避するための相当の経営努力がなされ、「もう解雇以外に手立てがない」と判断される必要があるのだ。

（3）被解雇者選定の合理性

人選基準が合理的で、具体的人選も公平でなければならない。辞めさせたい者を名指しすることはできないというわけだ。

（4）手続きの妥当性

事前の説明・協議があり、納得を得るための手順を踏んでいなくてはいけない。

すなわち、たとえ社員がヘマをやらかしたとしても、ドラマやマンガのように「お前はクビだ！」などとても言えないわけだ。

しかし、ニュース等を見ると実際にリストラが実行できている会社が存在している。そのカラクリは、「解雇」ではなく「退職勧奨」をする、という点にあるのだ。解雇＝会社都合退職には先述のとおり法的な基準が厳しいのに対し、退職勧奨＝自己都合退職を促すことについては、それがよほど執拗なものでなければ特段の縛りはないため、実行へのハードルが低いことが特徴である。

辞めさせたい従業員に積極的に自己都合退職に追いやる手法のひとつが、しばしば報道される「追い出し部屋」である。業績悪化した大手企業の事例が採り上げられることが多いが、ニュースにならない中小企業でも数多く存在していると言われる。

その手法は、会社が募集する希望退職に応じない従業員や、戦力外のリストラ対象となった従業員を、単純労働を強いたり、自分自身の出向先や転籍先を探すことを仕事としたりするような部署に異動させ、自主退職せざるを得ないように仕向けるというものである。表向きは単なる「部署異動」であるから、会社としては「人事権を行使しただけ」と説明できるし、法的にも認められることだ。ただし、追い出し部屋行きを命じられた従業員側が不服として裁判になった場合、その目的に問題があったり、労働者に大きな不利益があったりすると、権利の濫用として無効になるケースがある。

実際、経営悪化した某大手電機メーカーにおいて100人規模の追い出し部屋への配転命令が東京地裁の判決で無効となったことがあった。その際は、部署ごとの人員削減人数を機械的にはじき出したことや、リストラ対象を選ぶ基準が不透明だったこと、対象者のキャリアや年齢に配慮しなかったことなどが問題視された。

一方、同じ東京地裁において、リストラで「退職を執拗に迫られた」として社員が勤務先を訴えた裁判があったが、「違法性はない」と判断されたケースがある。では、何が裁判官を納得させたのか。その違いは、「適正に下された低評価」をもとにおこなわれたことにあった。すなわち、然るべき評価制度がもともと設けられていて、その評価の結果として「キミは業績が悪いから、勧奨の対象になっているんだよ」と告げる形式であったことだ。さらに、あからさまに「辞めろ！」と迫るような扱いをするのではなく、「今辞めると、これだけのメリットがあるよ」「そのほうがあなたのためになるよ」という具合に、「納得ずくで退職を促す」というスタンスだったことも特徴だ。

よく、「外資系企業ではアッサリとクビになる」などと言われる。しかし外資系企業といえども、日本国内で営業している限りは日本の労働基準法が適用されるはずだ。ではなぜ彼らをクビにできるのかというと、彼らの言う「クビ」はいわば「非常に強力な退職勧奨をおこなう」ということと同義であり、解雇という形式ではなく、従業員との交渉によって「なんとしてでも退職の合意を取り付ける」という「合意退職」にもっていくというやり方なのである。

そして、そこには綿密に練られた仕組みと布石がある。それによって、仮に裁判に持ち込まれても負けない形になっているのだ。実際、先述の裁判で違法性はないと判断されたケースでは、会社はこのような運用をおこなっていた。

（1）「職種別採用」をおこない、「職務給」で運用する

これは、日本式の「総合職採用」をおこない、「職能給」で運用するのとは真逆のやり方だ。すなわち、採用時に業務内容を明示し、「この仕事ができる能力を持っている人を採用する」として、業績に応じた待遇と、諸条件なども細かく書面化して説明し、合意をとっておくのだ。そのうえで「能力が足りなかった」という判断が下されれば、

問題になりにくい。

（2）充分な「退職パッケージ」と「支援プログラム」を準備する

対象者に対して何のサポートもない状態での退職勧奨は「強要」と判断される可能性があるが、「業績が芳しくないこの状況のままでは問題がある」と説明責任を果たし、「改善するための再教育プログラム」等が存在し、それを受ける機会があれば、企業側として「回避努力」をしたことになるのだ。これは、「割増退職金」や「再就職支援」といった退職支援プログラムを会社側が用意することでも同様の判断となる。

（3）説明責任を果たす

上記（1）（2）といった諸制度、諸条件が揃った上で、対象社員に対して説明がなされれば問題ない。具体的には、「会社の経営環境」「当該社員の業績」「当該業績が、所属部署や他メンバーに与える影響」「在籍し続ける場合のデメリット」（引き続きプレッシャーが与えられるぞ、など）「退職する場合のメリット」（今なら充実した退職者支援を受けられるぞ、など）といった情報を伝え、一定の検討期間を設け、意思確認をする、という手続きを踏むことである。

すなわち、会社としてこのような仕組みがあれば、いくら執拗な退職勧奨をおこなったとしても、違法とはなりにくいのだ。退職勧奨の場に同席していなかった裁判官にとって、会社からどんな説得がおこなわれたかは知る由がないし、それによって対象社員がどれほどの精神的苦痛を得たかは判断が難しい。判断材料となるのは「どこまで会社が退職回避策を講じていたか」という事実次第なのである。それさえあれば、会社側がかなり執拗に退職を迫ったとしても、「がんばって解雇を回避しようとした」し、「正当な退職勧奨の一環」であり、「解雇は根拠のある正当なものだ」と主張できてしまうのである。

働き方改革を進める（Bランク）

「働き方改革」はこれからの時代を乗り越えるにあたり、業種や所在地、企業規模を問わず、あらゆる組織において必須の取組事項である。しかしその意義と内容については、肝心の企業経営者において正確に理解されていないか、激しく誤解されているのが現状のようだ。たとえば、当方が講演等で伺う先においてよく聞かれるのはこのような意見である。

「確かに慢性的な長時間労働は問題だ。しかし、仕事を放ったらかしにしてまで従業員を休ませるのはいかがなものか。単なる甘やかしではないか？」

「社員に残業させず、早く帰らせることで、彼らの成長機会を奪ってしまうのではないか？」

「残業しなかったら売上が減るに決まっている！　それでは商売上がったりだ！」

同様に考える人は多いかもしれない。しかし結論から申し上げると、これらの意見は全て働き方改革の本質を誤解している。働き方改革とは、単なる「残業削減の取組」「福利厚生の一環」「従業員への施し」ではないのだ。もしあなたご自身がそう捉えているなら、貴社がこれからの時代を生き残っていくことはできないと断言してよいだろう。

働き方改革とはいわば「ビジネスモデル改革」と同義であり、これからの不確実な時代を生き残るための、「攻めの経営戦略」、もしくは「会社の魅力度アップ計画」と言い換えられる。「本業で売上を上げる」ことと同等に位置づけ、組織の最優先課題として実行する必要があるのだ。

また、「働き方改革」同様、「ワーク・ライフ・バランス」という言葉もいまだに誤解している方が多いようだ。「仕事と家庭の両立」というイメージによるものか、「仕事が立て込んでいても、とりあえず『定時になったから帰る』という、従業員を甘やかすような働き方」だと捉えられる向きが多い。しかし、本質はその真逆である。「これまでダラダラと時間をかけてやっていた仕事を『密度濃く』『定時までにやり切る』という、従業員に相応のプレッシャーがかかる厳しい働き方」なのである。

従って、改革の実行にあたっては「産みの苦しみ」が伴う。長期間にわたって相応の労苦が発生することを知っている改革経験者なら、「社員を甘やかすのでは…」などとても言えないことなのだ。以下、具体的に検証していこう。

まさに今「働き方改革」が必要な理由

ご存知の通り、日本の人口は２００８（平成二十）年の1億２８０８万人をピークに減少を続けている。国立社会保障・人口問題研究所の推計によると、我が国の人口は２０４８（令和三十）年に９９１３万人と1億人を割り込むと見込まれている。当然ながら、労働力人口もそれに合わせて減少中だ。

戦後、高度経済成長期を経て日本が世界第2位の経済大国に長年居続けられた理由の一つは、「日本が世界有数の人口大国だった」からに他ならない。国内市場が大きく、当時は高齢者に比べ若い人の割合が高く、経済成長分野に予算をつぎ込むことができた(人口ボーナス期)。

我が国の長時間労働の慣習はこの時代の成功体験による部分が大きい。モノを造れば造った分だけ売れていくので、残業や休日出勤、転勤や出向も厭わずに働ける者が重宝され、評価されて出世していった。そして同じように家庭を顧みず、組織に滅私奉公する者を引き立て、同じような考えの管理職集団が出来上がっていくことになる。

それが良いか/悪いかという評価ではなく、当時はその方法が日本経済発展の最適解だったし、経済発展に伴って報酬も右肩上がりであったため、誰も将来に不安も抱かず、概ねハッピーであったというわけだ。

しかし時代は移り変わった。人口は減少し、高齢者の割合は増加。労働力人口の割合は低下し、経済発展しにくい環境となってしまっている(人口オーナス期)。モノはある程度充足しているので、よほどの付加価値か新たな切り口を提案できないと売れないし、人件費は高騰しているためおいそれと残業もさせられない。共働き家庭の増加や高齢化による介護の必要性などから、育児や介護等の理由でフルタイム労働が難しい人の割合も増えている。

すなわち、人口増加・高度成長期にうまく機能していたシステム（終身雇用、年功序列、滅私奉公）が、現在の人口減少・低成長期にはまったく合致していないのに、無理矢理使い続けようとして齟齬をきたしているのが今なのだ。

だからこそ経営者は、人手不足でも、人件費が高い状況でも、育児や介護等でフルタイム労働が難しい状況でも難なく乗り越えられる経営をしなくてはならない。そのためには、真っ当な給料を支払えるだけの利益が出るビジネスをやり、「何事も残業でカバーする」という悪習を見直し、仕事を棚卸しし、無駄なことはキッパリ止め、短時間で効率的に仕事をこなせる人を正当に評価しなければならないのだ。それこそ「働き方改革」の本質である。

「何のための」働き方改革か？

「働き方改革」とは何のためにやるのだろうか。

筆者自身が目の当たりにした働き方改革実現のメリットとしては、以下のような点が挙げられる。

・生産性が向上し、ムダな残業もなくなる
・働く時間や場所に柔軟性が生まれるため、育児や介護など事情がある人も含め、多様な人材が活躍できるようになる
・無茶な要求をしてくる顧客を断る名分になる
・ワーク・ライフ・バランスが充実し、関わる者皆が心身ともに健康な生活を送れるようになる
・結果として、サービス品質の向上に繋がる
・優秀な人材が全国から集まり、定着する

いずれも素晴らしい結果である。しかし逆説的なことを言うようだが、これらの結果

を求めて働き方改革に着手しようとするのは本末転倒だ。なぜなら「手段が目的化」してしまっているからである。

働き方改革の本来あるべき姿は、「我々の経営理念／経営目標／ミッション／ビジョンを実現・達成するために有効だから改革する」「自分自身の○○というキャリアプランを実現するために必要だから時間を捻出する」という姿勢であり、上記のメリットは改革を進めていく中で結果的に得られた「副産物」程度でしかない。確かに残業は減るし、注目も浴びるかもしれないが、目的をそのように矮小化して捉えることが、そもそものボタンの掛け違いなのである。

改革を進める第一段階として、経営者以下組織メンバー全員が「自分はどう生きるべきか？」「そのために、有限の時間をどのように活用すべきか？」という根本的な問いから始めなければならない。しかし、これまでの人生設計やキャリア形成を会社に依存して預けてきた人にとっては「早く帰って○○をしたい！」「会社以外の時間を有効に使いたい！」という欲求が生まれにくく、したがって「残業を削減しよう！」というモチベーションに繋がりにくいのだ。

そんな中よく見かけるのが、「残業を減らせ！」「休みをとれ！」と指示だけはしつつ、

「でも仕事量とノルマはそのまま」「残業削減の方法はお前らが考えろ」という丸投げ状態になっている会社だ。これでは改革どころか「対症療法」とさえも言えず、関わる者は全員シラけるだけ。何もやらないほうがまだマシである。

働き方改革に着手するならば、「そもそも我々は、いつまでも利益の出ないビジネスを続けていていいのか？」「では、これからどんなビジネスで利益を得ていくのか？」という根本的な構造から考え、「残業は悪という概念を浸透させる」「長く働く人よりも、効率的な仕事で成果を挙げている人を評価するように制度を変える」といった形で、マインドと制度双方にメスを入れる「根本治療」をしなければならない。

働き方改革は経営者だけなく社員も考えるべきこと

また、労働者の側も会社から利益の出るビジネスを与えてもらうのを口を開けて待っているのではなく、自分たちで働き方改革に合ったビジネスを創出し、自分の働き方を見直すことも必要であろう。

働き方改革の実現により、我々の生活はより充実し、ワーク・ライフ・バランスが実現する「楽しい」ものになるだろう。しかしその実現に至る道のりは決して「楽（ラク）」ではない。むしろ、ビジネスパーソンの生存競争が激化するといってもよいだろう。

厳しい言い方をするならば、これまで我々は残業することを前提とした「間延びした仕事のしかた」をしていた。しかし働き方改革を実践するということは、「同じ業務量をより短時間で、凝縮してこなす」ということに等しい。労働時間が実質的に短くなる中で効率的に仕事をこなし、成果を上げられる人材の価値が高まるわけだ。従前のようにダラダラと作業していた社員は、自らの働き方を見直さないと会社に居場所がなくなる可能性があるだろう。

これが先述の「ワーク・ライフ・バランスの誤解」である。「定時になったから、仕事が残ってるけど帰る」といった、従業員を甘やかせるような働き方ではなく、「定時までに、何としてでも仕事を終わらせる」という断固としたマネジメントが重要だ。普通の会社で残業しながら10時間程度でこなしている業務量を、実質7時間で終わらせるよう管理をするわけである。今まで間延びした仕事しかしてこなかった人にとっては、業務の進め方や優先順位の付け方などを根本的に見直さなくてはならず、ひとつひとつのタスクをこなすスピードも格段に上げる必要があって、頭も体力も使うことになるだろう。終業時間になる頃には「精魂尽き果てる」といった様子で、「残業なく帰れる♪」というよりは「もう今日はこれ以上仕事できない…」という状態、といえばイメージ頂けるだろうか。

このように、ノー残業だから社員に優しい、というわけでは決してない。却って要求水準は厳しいといっていいだろう。日本企業では、遅くまで残業している人を「頑張っている」と評価する風土がまだ根強く残っているが、そのような牧歌的な時代はもう終わりだ。労働時間の長短にかかわらず、成果を上げている人こそが評価される時代になるのである。

中小企業ならではのメリットと、「有給休暇強制付与」との関係

この一連の流れは、これまで真摯に事業をおこないながらも、資金力や知名度の点で大企業の後塵を拝していた中堅～中小企業にとっては大いなる福音である。自社の働き方を整えることで他社との差別化ができ、先進企業と呼ばれ、広告費を出さずともメデ

ィアが取材に訪れ、無料で広報してくれるのだから。（もちろん、そのために改革するわけではないが…）

実際、働き方を改善したことで評判になり、小規模で知名度がない会社ながら、同業大手企業からエース級社員が転職をしてきたり、これまで見向きもされなかったような上位大学から新卒で応募があったりするなど、採用面で大きなメリットを得ている会社もある。戦い方次第で大企業にも伍していける土壌ができてきたのだ。

「法を順守して、従業員のライフスタイルや健康に配慮した企業」というポジティブな印象を与えられるインパクトは大きい。経済産業省調査によると、「就活生が就職したい企業」「就活生の親が就職させたい企業」のアンケートにおいて、得票率が最も高かった要素は「従業員の健康や働き方に配慮している」（就活生43・8％、親49・6％）で、「知名度」（就活生10・9％、親2・3％）、「企業規模」（就活生9・3％、親6・7％）、「給与水準」（就活生23・9％、親31・3％）をいずれも大きく上回っている。

また先述の時間外労働上限規制と並行して、本年4月1日より「有給休暇の強制付与」が義務化となり、会社から年5日分について毎年時季を指定して与えなければならなくなるが（※2）、長時間労働が常態化し、仕事も属人化していては対処も困難なはずだ。しかし実際に年5日の有休を取らせなければ労基法違反になってしまうわけで、このような制度変更に迅速かつ柔軟に対応できれば、中小企業というカテゴリの中で頭一つ抜け出ることができることは間違いない。

改革定着には時間を要するため、「成果が出て、世間から賞賛される頃の経営者は自分ではない」と気づいた途端に、任期がある社長の改革への勢いが急激に減退するケースもある。結局「ワンマン」くらいの権限裁量を持ち、自身の一存で強力に物事を進められる中小企業のオーナー社長の方が改革には向いている。そのままでは知名度や規模で大手には敵わなくとも、改革成功の暁には、労働環境の良さや多様性が受け容れられる社風といった要素により、優秀な人材に選ばれる会社になれる可能性はむしろ高いとさえ言えよう。

当然ながら、従業員を使い潰し、正当な評価もできないブラック企業からは早々に人材が流出し、淘汰されていくことになるだろう。

（※2：10日以上の年次有給休暇が付与される労働者については、正社員に限らず、パートやアルバイトも対象となる）

働き方改革において経営者が覚悟すべきことは1つだけ!

働き方改革実践のために打つべき手、やるべきことはそれこそ星の数ほどある。その中で実際に有効だという声が多かったものは後述するとして、まず最初に経営者がやるべきことがただ1つある。それは、「何があっても絶対に残業をさせないし、残業を許可しないという覚悟を持つ」ということである。実際、働き方改革先進企業の経営者も口を揃えて言っていることだ。

この覚悟を持たないまま、業務効率化だけを推進した会社はどうなったか。確かに効率化自体は成功して既存の業務対応にかける時間は減っていったが、それによって創出できた時間に新たに無尽蔵に仕事が入ってきてしまい、結局総労働時間は変わらないまま、というケースがあった。これでは徒労に終わるだけだ。

経営者が「何があっても絶対に残業は許可しない」覚悟を持つのは大変な困難だが、物理的に仕事ができない状態になって初めて、「本当に重要で優先度が高い仕事」にフォーカスできるようになると共に、従業員は「本当に残業させてもらえないらしいぞ」と意識するようになり、仕事の進め方も見直さざるを得なくなる。

顧客から理不尽な要求があっても、どうやってもできないものは「できない」と伝えるしかないし、それで売上が下がるのであれば、売上や利益を賄える新たなビジネスや付加価値を創出していくしかない。大変なプレッシャーかもしれないが、それくらいの覚悟を持って根本から問題解決しなければ、「改革」とはいえないのだ。

逆に言えば、「顧客からの理不尽な要求でも、残業してでもやる」ことを続けているから長時間労働が解消されないし、充分な利益もとれず、従業員も疲弊するのである。理不尽な要求をしてくる顧客にとって、あなたの会社は「無茶な残業でも要求できる会社」と舐められているかもしれない。それはすなわち、「当社の差別化ポイントは長時間労働です」と喧伝しているのと同じだ。あなたの会社は「残業」よりも「品質」で選ばれるべきなのである。

議論開始段階で重要な「目線合わせ」

経営者であるあなたが覚悟を決める必要があるのは、組織内に余計な混乱を引き起こさないためでもある。働き方改革自体は「総論賛成」だとしても、実際にコトを進めていく中で、ライフ重視型やワーク重視型など、様々な価値観における「正しさ」がせめぎ合うため各論反対となりやすいからだ。よくある対立としては、次のようなものが挙げられる。

「仕事は効率的に終わらせて早く帰るべき」⇕「サボり、手抜きは許さない」
「無駄な会議は止めるべき」⇕「フェイス・トゥ・フェイスに意味がある」
「残業はすべて悪」⇕「生活残業をせざるを得ない者はどうする」……

いずれも、バッサリ切り捨てることが困難だ。放置したまま進めてしまうと改革が途中で瓦解することになるため、充分なケアが必要である。

また組織に新たな価値観を浸透させようとすると、既存の価値観の中で尽力してきた功労者との不整合が生じる。特に、これまで長時間労働を積極的にこなすことで評価され、現在の地位に上り詰めてきた管理職層にとっては、自らの存在価値が毀損されるリスクもあるため、抵抗勢力となりやすい。

一方で、労働時間制約から部下が早く帰るために、管理職層に業務のシワ寄せが集中するというケースも散見される。管理職が個人レベルで奮起しても、自身はワーク・ライフ・バランスを保てておらず、その姿を見た部下は昇格したくないと考えるなどのネガティブな波及効果も起こり得る。だからこそプロジェクト実行前に、組織内での意思統一を綿密におこない、一枚岩となっておく必要がある。成功企業は従業員ひとりひとりと膝を突き合わせるレベルで改革の目的と組織の将来像を伝え、協力者にしているのだ。

そして、働き方を見直そうとなった際に真っ先に言及されるのが「生産性向上」というキーワードである。しかし、経営者や管理職が安易に生産性について語ると混乱が生じることになる。

生産性向上と言っても、個人の生産性か、チームの生産性か、事業の生産性かによって、意味やアプローチが全く異なってくるためだ。その目線合わせがないまま「生産性を向上させろ!」とハッパをかけても、見当はずれの方向にムダな努力をすることになりかねない。

・事業の生産性⇒最小のコストで最大の収益を得るため、高付加価値の商品開発やマーケティングに注力する必要性。経営者の判断領域。
・チームの生産性⇓業務配分や人材配置を適正におこないつつ、顧客との利害調整も丁寧にやる組織マネジメントが鍵。管理職の判断領域。
・個人の生産性⇓ムダな仕事や余計な手間を削減し、やるべき仕事に集中して成果を出すセルフマネジメントが重要。社員レベルの判断領域。
このように、働き方改革とは人事労務担当者だけでなんとかなる問題ではない。経営者であるあなたが「結果が出るまでやり切る！」と覚悟を決め、管理職が「自ら業務効率化して早帰りする！」というコミットメントがあってようやく走り始めることができるものなのだ。

どのような進め方が有効なのか

長時間労働が常態化している背景には、法律の建付け、日本独自の労働慣習、硬直的な社内制度、残業しかアピールしどころのない従業員の意思、顧客からの理不尽な要求…など様々あるが、結論からいえばほぼ全て何かしらの原因がある。ということは、ロジカルに解決していけば解消されるということだ。

しかし、多くの組織ではそれができない。なぜなら「残業でカバーする」という解決策（本当は何の解決にもなっていないが）を毎日使い、実際に残業することで仕事は終わってしまうため、「なぜ残業になるのか」「どうしたら残業を解消できるのか」といったところまでエネルギーが回らないからである。

筆者が内部に入り込んで環境改善のサポートをおこなう際は、まず従業員の皆様に「ウチの会社で長時間労働がなくならない理由」をタブーなく挙げて頂く。概ね「残業前提の過大な仕事が存在する」「必要ない作業をやっている」「仕事の進め方や手順に無駄や無理がある」「上司が部署のタスクの全体像を把握しておらず、割り振りに偏りがある」「ＩＴ化、機械化が進んでいない」「顧客からの無茶な要求を受けている」…といった意見が出てくるので、ひとつひとつ経営者レベルで判断し、止めるものは止め、減らすものは減らし、外注するものは外注する…と片付けていくのだ。

経営者が判断しなくてはいけない理由は、同じことを現場からボトムアップでやろうとすると「仕事を減らそうなんて、楽をしようとするな！」「そんな金がかかることできるはずない！」と、途中で潰されてしまう可能性が高いためだ。ここは経営者が覚悟を決め、自身の責任において判断しなくてはならない。

その他具体的な施策について、働き方改革先進企業は、とりたてて特別なシステムやルールを入れているわけではない。成功している企業に共通するのは、ごく一般的な、アナログにさえ見える取り組みを、定着するまで地道にやり続けている、という点だ。

先進企業で実際に効果があった導入施策例

・年次有給休暇取得の促進と、取得しやすい有休プランの導入
・「ノー残業デー」等の習慣的制約の導入
・PC強制シャットダウン
・オフィス強制消灯＋再点灯不可
・超過勤務発生時の上長への報告義務＋残業許可制＋是正報告を必須化
・経営者や役員による職場巡回

休暇取得や早帰りを奨励しても、従前の評価システムや制度が変わらなければ、結局

「長時間残業して、一見仕事を頑張っている風に見える社員」が評価され、休みを積極的に取得して早帰りしつつ成果を出している社員は「ヒマだったらもっと仕事しろ！」と言われ、却って仕事が増えているのにさほど評価もされず、バカを見る事態になってしまう。

ノー残業デーや強制消灯を導入しても掛け声だけで、結局は残業ができてしまう「ザル制度」であれば意味がない。やるなら「残業には上長の許可と、今後残業を発生させないための改善提案に承諾を得ることが必要」とか「終業時刻を30分以上経過したらエレベーターが止まる」くらいの強制度合いが必要である。

大切なのは、「残業は絶対悪」というマインドセットと、例外を許さずに定着するまで口酸っぱく言い続けて「習慣」にすることだ。腹をくくって「生みの苦しみ」を経たところが、結果的に素晴らしい成果を得ているのである。

働き方改革推進における難度は高い。むしろ、簡単にできてしまうのであれば「改革」という呼び方はされないだろう。時代の流れには逆らえない。今後労働人口はますます減少し、労働者にも休日は休み、残業はしたくないという人が明らかに増えている。そんな時代に旧来型のマネジメントを継続していては、優秀な人材を採用できないのは目に見えている。

働き方改革は成長戦略であり、ワーク・ライフ・バランスを実現することで、あなたの会社は従業員から愛着を持たれ、顧客から選ばれ、地域社会から応援される存在になるだろう。

ぜひ経営者であるあなたが「一歩踏み出す」勇気をお持ち頂きたい。そして「そんなの分かってるけど、ウチは特殊だから難しいんだよ…」という状態から「ウチは改革を実践して、これだけの成果があったぞ！」と喧伝できる日が1日も早く訪れ、繁栄が続くことを祈念している。

ハラスメントと言われない組織内コミュニケーション法（Bランク）

職場内でのハラスメントに対する社会的な認識は年々高まっている。「これまでは当たり前の指導だと思っていたが、パワハラ事件として報道されたケースと似ていたため、自分もパワハラ被害に遭っていたことに気づいた」という若手社員からの相談もあれば、「以前にはなかったパワハラの相談を多数受け、ハラスメントに関する社内マニュアルを改定したが、『ハラスメントの定義が細かすぎる。これでは指導さえできない』と管理職が困惑している」といった人事部門の声もある。

ちなみに厚生労働省では、職場でのパワハラを次のように定義している。

「同じ職場で働く者に対して、職務上の地位や人間関係などの職場内の優位性を背景に、業務の適正な範囲を超えて、精神的・身体的苦痛を与えるまたは職場環境を悪化させる行為をいう。上司から部下に行われるものだけでなく、先輩・後輩間や同僚間、さらには部下から上司に対して様々な優位性を背景に行われるものも含まれる」（職場のいじめ・嫌がらせ問題に関する円卓会議ワーキング・グループ、２０１２年）

注意すべきは、「上司―部下間」のみならず、「同僚間、部下から上司に対して」といったケースもパワハラに含まれることだ。パワハラの範疇は、あなたの想像より広いかもしれない。

同省ではまた、パワーハラスメントの典型例を以下の通り示している。

（１）暴行・傷害（身体的な攻撃）
（２）脅迫・名誉毀損・侮辱・ひどい暴言（精神的な攻撃）
（３）隔離・仲間外し・無視（人間関係からの切り離し）

（4）業務上明らかに不要なことや遂行不可能なことの強制、仕事の妨害（過大な要求）

（5）業務上の合理性なく、能力や経験とかけ離れた程度の低い仕事を命じることや仕事を与えないこと（過小な要求）

（6）私的なことに過度に立ち入ること（個の侵害）

「今どき暴力や暴言なんて…」とお考えの管理職諸氏も、「過大な要求」や「過小な要求」、「個の侵害」までがハラスメントと言われると、相手の捉え方もあることだから、「絶対ハラスメントなどやっていない！」と自信をもって言い切れるかどうか、早くも迷うところだろう。

特に日本的な感覚として、「理不尽な状況やストレスへの耐性がある」＝「我慢できる」ことが大人であり、また「自分も苦労したんだから、相手も苦労して当然」といった論調が受け容れられる傾向がある。また自分はパワハラだと感じても、和を重視する空気感の中で、一社員がパワハラを訴えて組織と争う姿勢を示すことはいかにもハードルが高い。従って、「自分一人が我慢すれば…」と泣き寝入りしてしまうことに繋がるなど、どうしてもこの問題は表出しにくいところがある。

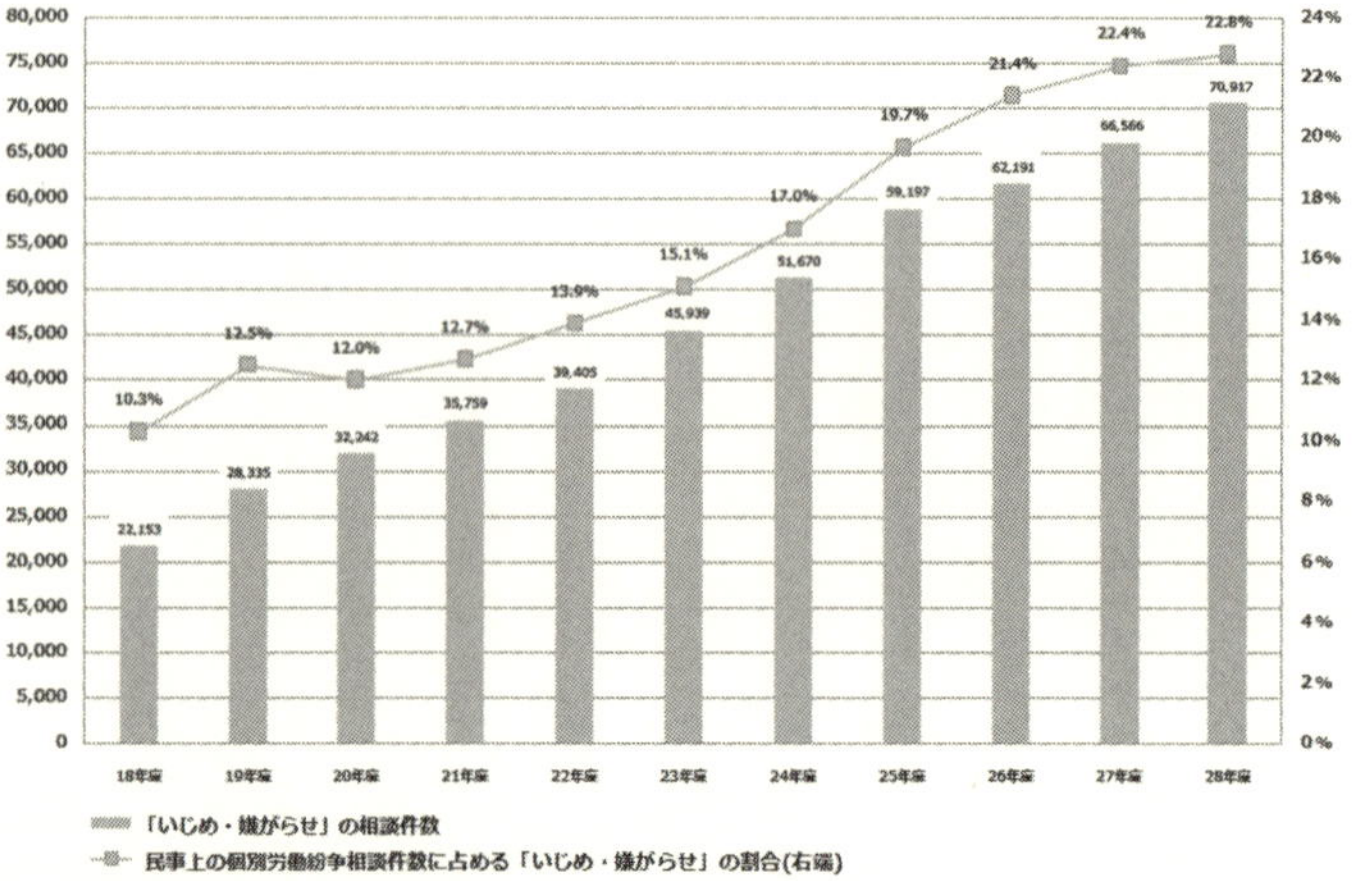

(厚生労働省「あかるい職場応援団」Ｗｅｂサイトより)

実際、厚生労働省から発表された「職場のパワーハラスメントに関する実態調査報告書」によると、「過去3年間にパワーハラスメントを受けたと感じた者」がとったその後の行動として、最も多かった回答は「何もしなかった」で40・9％。しかもその理由上位は「何をしても解決にならないと思ったから」（68・5％）と「職務上不利益が生じると思ったから」（24・9％）であり、被害者の無力感が伝わるものとなっている。

一方で、都道府県労働局の総合労働相談コーナーに寄せられる「いじめ・嫌がらせ」に関する相談は年々増加し、平成24年度には相談内容の中でトップのテーマとなった。「解雇」や「労働条件の引き下げ」、「退職勧奨」

などに関する相談が減少・横ばい傾向にある中、この「いじめ・嫌がらせ」の相談件数だけが増え続けているのだ。

パワハラは犯罪なのか？

「たまに厳しい指導をすることもあるが、断じてパワハラではない！」と言い切る人もいるが、それが正当な理由がある叱責の場合であっても、「大声で怒鳴りつける」、「多数の面前での見せしめ・懲罰的な公開叱責」など、方法を間違えば違法性が生じることを忘れてはいけない。

ちなみに、殴る・蹴るなど身体的な攻撃をした場合、刑事事件として「傷害罪」（刑法２０４条）や「暴行罪」（刑法２０８条）が成立する可能性がある。最高刑は懲役15年だ。

また言葉だけの場合でも、「お前の将来がどうなってもいいんだな⁉」といったように相手を畏怖させることを言えば「脅迫罪」（刑法２２２条）、「前の会社は○○で辞めたくせに！」とか「不倫をバラすぞ！」などと公然と具体的な事実を示して相手の名誉を傷つけたら「名誉棄損罪」(刑法230条)だ。その場合、内容が嘘か本当かは関係ない。そして、事例を示さずとも「バカ」「給料泥棒」「ダメ社員」などと公然と汚い言葉で罵った場合は「侮辱罪」(刑法231条)が該当する可能性がある。

その他民事上でも「会社が職場環境を整える義務を果たさなかった」ということで「職場環境配慮義務違反」、そして「使用者責任」を問われ、損害賠償を請求される可能性もあるのだ。負の連鎖は断ち切らなければいけない。

自覚も悪意もないからこそ「ハラスメント」となる

筆者の職業柄、これまで数多くのブラック企業に関わり、組織内のハラスメントにまつわる相談や問題解決を手掛けてきた。経験上言えることは、「相手をいじめたい」「憎らしい」といった明確な目的意識や悪意をもってやっている人はさほど多くなく、逆に「無意識のうちに」「悪意なく」ハラスメントがおこなわれているケースが多い、ということだ。

具体的には、これまでハラスメントについて教わった機会がなく、「そもそもどんな言葉や行動がハラスメントに当たるのかを知らない」「悪質な場合は刑事罰を受け、自身や組織の評判を大きく低下させるリスクがあることを知らない」といった「無知」のパターンと、

「これまで受けてきた指導自体がパワハラレベルであったため、自身の普段の言葉・行動がハラスメントであることに気づかない」、「相手の成長のため、良かれと思ってやっている」「周囲の誰もがハラスメントについて指摘しない」といった「無自覚」のパターン、もしくはその両方が絡み合っているためタチが悪い。

「パワハラをやめよう」といった標語だけで、個々人の思いやりや道徳心に頼ってなんとかなる話ではないのだ。「パワハラ＝自覚できない無意識の犯罪」くらいの位置づけで、組織ぐるみで対策をとっていく必要がある。

「パワハラ」か「指導」か。違いは「信頼関係」にあり

あなたは、仕事でちょっとしたミスをやらかした部下に「しっかりしろよ」と声をかける。

意図としては、「今回のことはまあ反省して、次からしっかりやってくれ。期待してるぞ！」という気持ちを込めて、前向きにハッパをかけたつもりだ。しかし、当の部下の表情は硬いままで、委縮しているようだ。

あなたと部下の普段の関係性次第だが、場合によってはこれも「パワハラ」扱いされてしまうかもしれない。理由は普段からのコミュニケーション不足だ。

「職場のパワーハラスメントに関する実態調査報告書」の平成24年度版によると、パワハラが発生する職場に共通する特徴として最も多かった回答が「上司と部下のコミュニケーションが少ない職場」（51・1％）であった。

確かに職場に限らず、普段から信頼関係が築けている相手であれば、多少説明不足であっても、発せられた言葉の文脈からその意図まで汲み取れることもあるだろう。逆に普段あまり会話もない関係性であれば、言葉一つ一つに対して「それはどういう意図で言っているんだろう…」「非難されているのかな…」と疑心暗鬼になってしまうことさえありえる。

もちろん上司であるあなたにそんな意図はないのだが、普段仕事に忙殺され、業務上必要な指示をしているだけの関係性では、相手によってはあなたの態度や言葉をネガティブに受け止めてしまう可能性が高い。逆に言えば、日頃から手厚くコミュニケーションをとり、相手にとって適度に「構い続ける」ことができていれば、あなたの言葉の受け取り方は180度変わることになるだろう。具体的には、日々のこのような配慮で組織の雰囲気は格段に向上するはずだ。

・メールやチャットアプリに頼りすぎず、対面で会話する機会を意図的に設ける
・最終的な業績や数字だけではなく、業務プロセスにも配慮し（決して「評価」するわけではない）、相手なりに苦労があった点については素直に労《ねぎら》う
・相手のプライベートや、個人的なライフプラン、キャリアプランにも関心を寄せ、配慮していることを口頭で伝える

「この上司／先輩は、自分に対して関心を持ち、ケアしてくれている」と感じられるだけでも、相手のあなたの言葉に対する反応は変わっていくことだろう。

「デキる上司」ほどパワハラと思われやすい？

あなたが今上司の地位にあるということは、それだけ周囲のメンバーに比して仕事が

こなせ、打たれ強く、地道な努力を継続できる…といった資質を持ち合わせていたからであろう。

しかし、後輩や部下はあなたのような人ばかりではなく、相対的に経験も少ない。彼らの仕事ぶりを見ていると、「なぜこんな簡単な作業に、これほど時間をかけてるんだ⁉」「なぜもっと早く手を打たない⁉」「なぜこれくらいの指摘でヘコむんだ⁉　俺なんか20代の頃は…」などとイライラしたり、頼りなく見えてしまったりすることもあるだろう。

そういった様子だけを見て、あなたが彼らを「やる気がない！」「仕事ができない！」「打たれ弱い！」と決めつけて接してしまったとしたら、それこそパワハラと捉えられてしまうだろう。もしかしたら彼らはやる気はあるが、単に「やり方が分からない」「慣れていない」だけかもしれないのだ。

分からない以上、彼らに「なぜできないんだ！」と詰問しても答えは出てこない。上司であるあなたがやるべきことは、彼らの行動や思考の過程を観察・分析し、「何が成果のボトルネックになっているのか」を探り当て、改善のための支援をすることだ。それこそ、あなたが高い報酬を得ている根拠なのだから。

それでも、パワハラと言われてしまったら？

これまでの内容をご覧になり、「もしかして、あの時のアレはパワハラだったかも…」と思い返されている方もおられよう。しかし、自覚がおありな時点でまだまだ改善の余地はある。

あまり想像したくないことだが、万が一あなたが部下や後輩、同僚などからパワハラだと言われた際にはどのように対処すればいいのだろうか。以下留意点をご参照頂きたい。

（1）個人間で対処しようとせず、会社と情報共有して対応する

身に覚えがあろうとなかろうと、パワハラ加害者扱いは不名誉なことである。オオゴトにならないよう、個人的に交渉などして内密に済ませたいという気持ちは重々理解できる。しかし、これは絶対にやってはいけないことだ。もし裁判などに進展した場合、「個人的に隠蔽工作を図った」と判断されかねないためである。

まずは会社のしかるべき部署に報告、情報共有すべきである。その時点であなたの言い分を会社側に伝えることができ、結果的に会社側からの信頼を得られる可能性も高まるはずだ。

(2) 被害者の言い分を聴き、何をもってパワハラだと感じたのか認識する

告発を受け、しかるべき部署の担当者より、あなたと被害者双方にヒアリングがなされることになるだろう。もちろんあなたにはあなたの言い分があり、全く悪いことなどしていない自負があるはずだ。しかし、いきなり相手の非をあげつらって抗弁しても、自己正当化を図る姿勢と映ってしまうかもしれない。

まずは被害者の言い分を聴いて、相手があなたのどんな言葉、行動をパワハラと感じたのか認識することが必要である。その中で反省すべき点があればその点は謝罪し、一方で明らかに認識の相違があるなら、そこはあなたの言い分を的確に伝え、理解を求める必要がある。

(3) 正当性のある、育成目的の指導であったことを説明する

あなたの相手への対応に問題がなく、やりとりがメールや書面等で残っている場合は、履歴データは証拠として積極的に会社に提出して、会社側にあなたの対応に問題がなかったことを説明すべきである。相手の主張に事実と異なる点があるなら、当該メールや書類等客観的証拠を基に、事実を時系列に沿って説明することが有効だ。その際は「当該指導の原因となった相手のミスや勤務態度の問題点」「あなたの指導が相手の人格への攻撃ではなく、業務改善目的であったこと」「指導方法や内容に問題がなかったこと」などを明らかにすればよい。

年齢も価値観も異なる人が共に働いていく以上、意見の相違や誤解が生じることは避けられない。そこで無用な対立関係になることなく、問題から目をそらさずに前向きに対処することができれば、信頼関係や名誉は取り戻せることだろう。

さらに、ユニオン組合員相手のコミュニケーションにおける留意点

普段の社内コミュニケーションでここまでの配慮ができれば、あなたの会社は充分

「風通しがよく、働きやすい環境」との評判が得られるはずだ。そこで、話す相手が既にブラックユニオンの組合員であることを想定した場合の配慮についても解説しておこう。要点は3つある。

（1）組合員に対しては、ユニオンに関わる話を一切しないこと

他意がなくとも、本人の前でユニオンにまつわる話を少ししただけでも、「組合活動に干渉した！」と指摘されるリスクがある。実際、確認のために「キミは社外の合同労組に入ったの？」と聞いただけで、不当労働行為を申し立ててきたケースもあった。すなわち、その一言だけで対処のための弁護士費用数十万円が確定してしまうわけだ。もちろんこの場合、実際に不当労働行為があったかどうかは争点にならない。結局は労働委員会においても和解が勧告される展開となるので、ブラックユニオンは解決金を得やすくするためのツールとして、委員会を都合よくタダで使っているというわけだ。くれぐれも不用意な発言は避けておきたい。

（2）組合員とのやりとりは、労働審判の裁判官と公益委員相手だと思って対応するこ

と

たとえ正当な業務指示であったとしても、また本人のためを思って発言したことだとしても、ブラックユニオンの組合員は「自分が組合員だからそういう扱いをするんだろう⁉」「支配介入だ！」「不当労働行為だ！」と曲解し、責め立ててくるリスクがある。

とはいえ、仕事である以上は多少ネガティブに感じられることでも指示はしないわけにはいかない。その対策としては、「労働委員会に申し立てられても、委員が納得できるような言い方を心がける」ということだ。例えば、不要な残業をさせずに仕事が終わり次第帰らせたいときは、「仕事が終わったら帰れよ！」と言い放つのではなく、「他の皆にも同じように言ってるけど、キミも仕事が終わったなら早く帰ったほうがいいよ」という言い方をするのだ。大変遠回りでもどかしいかもしれないが、余計な揚げ足をとられないためには必要な防御法である。

（3）組合員とのやりとりは、全て録音されているという前提で対応すること

ここまでのパワハラにまつわる留意点を認識し、普段のコミュニケーションにおいて細かく配慮して頂くことだ。何の配慮もしないで言ったことは後から取り返せない。何

しろ、基本的に全ての会話は録音されているからだ。どのような背景状況や意図があったとしても、ブラックユニオンはセンセーショナルに聞こえるパワハラ部分だけを切り取って拡散し、あなたの会社のネガティブイメージを広げていく。「そんな意図はなかった！」「実はその発言の前にはこんな流れがあったんだ！」といくら弁解しようが、流布したものはネット上に永遠に残るし、その反論自体がまた不当労働行為だと指摘されてしまう。

このように、普段から相手に配慮した丁寧なコミュニケーションを心がけることは、ブラックユニオンからの攻撃を無力化する大いなる武器となるのだ。面倒だ、遠回りだといったお気持ちは重々承知しているが、予防のためにも、そもそもあなたの会社の魅力を増すためにも、ぜひ本日から意識して行動を変えて頂きたい。

「これらの配慮は『やりすぎ』『甘やかし』ではないのか!?」と感じる経営者へ

以上のように、就業規則を整え、働き方改革を推進し、組織内のコミュニケーションに配慮することで、ブラックユニオンからの「ツッコミどころ」をなくし、彼らの介入を防ぐこともできるのだ。

しかし一方で、このように感じる方もおられると思う。

「声がけの配慮だなんて、何を甘っちょろいことを言ってるんだ⁉　俺たちの時代は鉄拳制裁なんて当たり前だったぞ！　そうやって鍛えられて育ってきたんだ‼」

「残業上限が月45時間だなんてふざけるな‼　官僚は俺たち中小企業の現場なんて何も分かっちゃいないんだ‼」

「何がワーク・ライフ・バランスだよ‼　若い奴はもっと働け‼　今の便利な生活は、俺たちや先人の献身的な残業で成り立ってるんだぞ‼」

私事ながら、私自身も新卒時代は将来的な起業を目指し、「そのためには経験とお金が必要！」と、ハードワークを厭わずブラック企業に身を投じた人間であるから、そういったお考えは痛いほど共感できるし、サラリーマン時代は仕事を早く終わらせて帰る同僚に対して「ヒマならもっと働け‼」と（心の声で）叫んでいたものである。

しかし先述のとおり、今は時代も、働く人の価値観も、法律までもが変わってしまったのだ。そのような状況の中、あなたの考え方が変わらないままでは、それこそ悪意あるユニオンに恰好のエサを与えてしまうことになりかねない。純粋に、「この国の将来」や「相手の成長」を危惧する気持ちがあったうえでの発言だとしても、それが法律に違反することであったり、相手の捉え方に配慮しない形であったりするだけで、「違法企業だ！」「パワハラだ！」と揚げ足をとられる可能性があるのだ。それでは、あなたの心の底からの善意も、これまで築き上げてきた努力も一瞬で水の泡と化してしまうだろう。

筆者としては、あまり法律ばかりを持ち出して堅苦しいことは言いたくないし、かといって経営者の皆さまの気持ちに寄り添い過ぎ、「法律違反やハラスメントも相手への愛情があれば許される」といったことも容認するつもりはない。真摯に日々のビジネスを営まれている経営者の皆さまに、これ以上ブラックユニオンの被害者を出したくないという一心なのだ。ブラックユニオンからの悪意ある攻撃を予防するために必要なことは、彼らにつけこまれる隙をなくすこと。遠回りのように感じられるかもしれないが、あなたの会社が「遵法優良企業」になることが王道なのである。それによってあなたの会社には優良な人材が集まり、定着率も高くなり、取引先や周囲の人々から応援される存在になれるのである。

団体交渉の基礎知識

　ここまで述べてきた対策を普段から抜かりなくこなしていれば、モンスター社員に苛《さいな》まれることはなく、良好な労働環境を維持できるはずである。しかし、もし万が一ブラックユニオンがやってきて、団体交渉の申し入れをしてきたら…。

　これまでの流れをお読みになる限り、ブラックユニオンと関わることを想像しただけで暗澹たる気持ちになってしまうかもしれない。実際、ユニオンに対する基本的な知識や対応経験がないばかりに、相手の出方や戦術も分からないまま団交に臨んでしまい、ユニオン側の言いなりになってしまったり、ユニオンとの交渉経験の浅い弁護士や社労士に交渉を任せてしまったばかりに、不利な状況に陥ってしまったりするケースが散見される。しかし、打開策はある。ポイントは「教科書的な対処法を疑う」ことと「経験者に頼る」ことだ。ブラックユニオンの恫喝にめげることなく断固とした対応を取って頂き、組織を守って頂きたいと願っている。順にみていこう。

（1）団交にはすぐに応じなくてよい

「団交には即座に応じておかないと面倒…」「団体交渉にすぐ応じないと労働組合法違反で不当労働行為と言われ、自分達が不利になるのでは？」とご心配の向きもあろうが、大丈夫だ。当の労働組合法第7条2項にはこのように書かれている。

「第7条　使用者は、次の各号に掲げる行為をしてはならない。
2　使用者が雇用する労働者の代表者と団体交渉をすることを正当な理由がなくて拒むこと。」

すなわち拒めないのは「使用者が雇用する労働者の代表者」との団交であり、ユニオンは労働組合ではあるものの、いわば見ず知らずの第三者だ。慌てふためく必要などなく、少なくとも回答は文書かＦＡＸなどで「諸般の事情により期日までに回答できません。よって、○月○日までに文書にて回答します。」と通知しておき、その間に余裕をもって対応策を練ればよいのだ。

あなたの会社がユニオンをさほど恐れず、直接会って話をするどころか、文書でのやりとりしかできないとなると、ユニオン側としては「わざわざユニオンを頼って加入した組合員に示しがつかない…」という事態にもなり得る。

（2）ユニオンが突き付けてくる「要求書」は突き返してよい

ユニオンが要求を書面化したものは「要求書」「確認書」「議事録」など様々な名称で呼ばれるが、実質的にはいわゆる「労働協約」だ。これは就業規則よりも強い力をもっており、当然ながらユニオンにとって極めて有利な内容でまとめられている。

場合によっては、あえて相手を逆上させてその反応を記録する目的で、到底受け入れられないような法外な条件（たとえば組合員には週3勤務、ノー残業で年収1000万円を払え、など）を出してくることもある。ユニオンは相手方の経営者や管理職が逆上するのを待ちかまえていて、あなたが大声を出したり暴言を吐いたりしたが最後、その点だけを切り取って報道し、ネガティブなイメージを拡散するのだから、決してその手に乗ってはいけない。彼らの思うツボにはまってしまう。

あくまで「要求書」なのだから、承服できない内容であれば、会社は突き返してよいのである。そうするとユニオンはまた「不当労働行為だ！」と騒ぎ立て、不誠実団交として労働委員会に訴え出ると言い出すかもしれない。しかし、ユニオンがせっつくほどの短期間で労働委員会の命令が出ることはないので、安心して良い。

ちなみに、全国の労働委員会で扱う事件の新規件数は毎年600件程度で、そのほとんどは「あっせん」だ。そしてその600件のうち約6割が取り下げまたは和解で終わる。使用者の不当労働行為が認定され、それを救済するために発する命令である「救済命令」は、違反した場合50万円以下の過料が科せられる最終手段だが、そこまで至るのは年間100件程度。当然だが命令を出すのは労働委員会の判断であり、ユニオンの一存ではどうしようもないことである。

従って、不毛に終わることが多い団体交渉に時間とエネルギーを費やすよりも、最初から労働委員会に任せて、委員や事務局職員らも交えながら、折衝での和解を目指すほうが良い場合もあることを認識しておけばよいだろう。

（3）相手方に譲歩を要求してもよい

団体交渉において使用者側は、ユニオンの説明や要求をしっかり聴くことが必要だ。しかし、それはあくまで「誠実かつ真摯な態度で臨むべき」ということであって、「ユニオンの要求を丸のみすべき」というわけでは全くない。

そもそも、まともな労働組合との団体交渉でも数か月間かけて、複数回の交渉を経てから解決に至ることが普通だ。雇用者側に必要なのは、「充分に説明責任を果たす」ことと「最終的な落とし所を決めておく」ことである。

交渉前に、「自社としてはここまでなら譲歩できる」「これ以上は譲歩できない」といったラインを決めておき、相手側の要求水準も踏まえて進めていくことだ。ユニオン側は交渉の中で、「交渉が決裂したら…」という仮定で裁判や街宣抗議行動などの可能性を示唆し、あなたに譲歩を迫ってくるだろうが、裁判にも動員にも相応の費用や手間がかかる。ユニオンとしても、団交で話がまとまる方が望ましいのだ。

従って、ユニオン側も当初の請求からある程度の譲歩をすることは織り込み済みである。交渉を通して相手方の妥結ラインを見極めつつ、自社側からも譲歩できるところは譲歩し、「ウチはこれだけやってるんだから、そちらも考えてほしい」と合意に持っていくことができればよいだろう。ただし、あまり譲歩を重ねてしまうと「この会社は粘ればさらに譲歩を引き出せそうだ」と認識させることになるため、基本的に自社側から譲歩案を出すのは1回のみ、それで相手が納得しない場合は相手側に妥結案を出させる、といったやり方で進めるとよい。

（4）先に司法や専門家を頼り、防御を固めておく

ユニオンが扱う案件は、会社と従業員との「個別的労使関係」であることが多い。ユニオンが間に入ることによって早期の問題解決を図れるといったメリットがあるなら良いのだが、実際は被害者を過度に焚きつけて却って対立を煽り、紛争を拡大させ、それをネタにユニオン側の経済的利益確保を狙うのであれば、そもそもの労使間の問題解決という目標を見失っていることになる。

幸い日本は法治国家であり、個別的労使関係の問題を解決するシステムは公に備わっている。それが労働基準監督署であり、労働局による個別のあっせんや労働審判である。労働者との間にトラブルが発生し、明らかに自社に理があると考えるのであれば、先に雇用者側が労働基準監督署に相談に行けばよいのだ。自社の立場を真摯に説明すれば、労基署も親身になって相談に応じてくれるし、アドバイスももらえるものである。

もし悪質なユニオンに狙われてしまったと感じたら、丸腰でユニオンに対峙しようとして彼らの言いなりになってしまう前に、すぐに専門家に相談すべきである。顧問の弁護士や社労士がいれば対応依頼するという手もあるのだが、ブラックユニオン対応は単に士業だからできるというものではなく、相応に場数を踏んだ経験が求められる。顧問の先生には団交対応経験を確認頂き、もしあまり経験豊富でない場合は、ネットなどでユニオン対応経験豊富な専門家を探し、頼ることをお勧めしたい。もちろん相応の費用を要するが、全部自前で対応しようとしてどこかで不手際があり、ユニオンに攻撃材料を与えてしまっては却って高くつくことになる。全ては時間とコストの問題に置き換え、ビジネスライクに対処すべきなのだ。なお、インターネット上でユニオンへの対処法についてアドバイスしている費用面では、弁護士よりも社労士に依頼する方が幾分割安であることが多い。

団交対応の流れと、企業側が認識しておくべき留意事項

戦略とは、「戦いを略すること」だと言われている。不毛な戦いに身を投じて疲弊す

るより、まずは相手を知り、必要な準備をしておくことが重要だ。

では、どうしてもユニオンとの団体交渉に臨まねばならなくなったとしたら、どのような準備をし、当日現場で何をすべきなのか。時系列で説明していこう。

（1）自社とユニオン、双方の主張内容の確認

ユニオンからの「団体交渉申入書」はある日突然届く。そこには、あなたの会社の従業員が当該ユニオンに加入した旨の加入通知書も同封されているはずだ。先述のとおり団交は相手側の言うなりになる必要はないが、正当な理由なく拒否はできないので、まずは相手方が主張してきた具体的な内容、これまでの事象の経緯などを確認しなければならない。

そのうえで、あなたは会社としてどのような回答をするか、主張に対してどんな証拠資料があるか、団交をどう進めていくかなど、弁護士や社労士といった専門家と打合せしていく。

（2）団体交渉の場所を決める

ここから、団交を実施する場所や日時、人員構成、交渉事項などを決めていくのだが、初回の団交における設定は特に慎重を期するべきである。なぜなら団交ではルール重視で、初回の設定が後々まで継続することが多く、後から設定を変えようとしても「合理的な理由がない」と拒否される可能性もあるためだ。諸条件については事前に相手方から文書で得ておき、こちら側にとって有利な条件を充分に検討してから臨むとよいだろう。

相手方から条件を文書で得るといっても、そこに書いてある条件の通りに応じる義務はない。まずは開催場所についてだが、一般的にユニオンは雇用者側のオフィス内にある施設や会議室を指定し、就業時間中の団交を求めてくる。しかし自社内で開催することに法的義務はないので、基本的にはこちらから社外の貸会議室や公共施設等を指定すべきである。

その理由は、基本的に部外者との交渉であるから、機密保持の観点や無用の混乱を避けるためにもオフィス内に入れることは適当でないこと、予定終了時間を過ぎても延々と続いてしまうリスクを避けるためである。外部施設であれば利用時間を決めて確保するため、時間を区切ることができるのだ。

いずれにせよ、一度ルールになってしまった後でそれを変更するのはエネルギーが要るため、初回設定は慎重を期することを勧める。

（3）団体交渉の日時を決める

日時についても同様、ユニオンの指定した日時で団体交渉をおこなう法的義務はない。雇用主側の都合が悪い場合は、早めに労働組合に伝えて日程調整をすればよい。

就業時間中の開催を求めてくることも多いが、そもそも労働組合の活動は、就業時間外に会社外でおこなうことが原則だ。したがってそちらにも合わせる義務はないし、一度就業時間中に開催してしまうと、以降それがデフォルトとなってしまい、相手によっては「会社は就業時間中の組合活動を容認した」「組合員の賃金保証をしろ」などと勝手な要求をしてくる可能性もある。余計なトラブルを防ぐためにも、就業時間後に設定すべきである。

なお、開催時期自体を数週間先に設定しようとする行為は団交拒否の姿勢と非難される可能性があるため、あまり先延ばしにしないことをお勧めする。

（4）団体交渉の出席者を決める

ユニオンは、団交に経営者の出席を求めてくるが、これまた代表者が団交に出席する法的義務はない。労働条件について決定できる権限を持った人物であれば、人事課長でも総務部長でも構わないのだ。ちなみに余計な混乱を避けるためにも、必要最低限の人数で臨むことが望ましい。

そもそも中小規模の企業は日々の業務に忙殺されており、経営者が団交に出席できるほど手が空いているわけではない。経営者は会社経営に専念するべきなのである。ただし、出席者が状況を掴めておらず、いちいち「社長に確認しないと…」と回答してしまったらユニオンに「決定権のない者を寄越した。団交に誠実に対応してない」と指摘される恐れがあるので留意されたい。

なお、顧問社労士を出席者として団交に参加させようとしたところ、「社労士は介入するな！　発言権はない！」とユニオン側から拒否されるケースがある。これは恐らく、厚生労働省の通達（基発第0301002号　平成18年3月1日）を根拠にしていると思われる。その内容とは「社会保険労務士は、労働争議時の団体交渉において、一方の代理人になることはできない」という主旨なのだが、それをもって「介入するな」「参加するな」と要求するのは拡大解釈である。この通達はあくまで「使用者の代理人になってはいけない」という意味であり、経営者にその場で助言したり、何かしら発言をすることは問題ないと解釈できる。したがって、社労士が団交に参加しても発言してもよいのだ。

ちなみに、事前の要求事項にないことをユニオン側が突然言い出すケースがあるが、その際は「持ち帰って検討する」という対応で問題ない。そんなことがないようにするためにも、要求事項は事前に文書として提出させ、協議事項も予め文書で返答しておくとよいだろう。

（5）団体交渉の協議事項を決める

団交で話し合う事項については、先述のとおり事前に要求を文書でやりとりしておくとよい。その中で、労働組合の介入を許してはいけない、経営者の専決事項として存在する「経営三権」が含まれていないかどうかは確認しておくべきである。

経営三権とは、労働三権（団結権、団体交渉権、争議権）に対する雇用者側の権利であり、「業務命令権」、「人事権」、「施設管理権」がそれにあたる。これらについては労働組合と交渉する義務はないので、交渉事項にすること自体ご法度である。これを知らないと会社をユニオンに牛耳られてしまうリスクもあるため、重々留意されたい。

・業務命令権

労働者には会社の指揮命令に従い、誠実に職務に専念する義務がある。すなわち、就業時間中に組合活動をしてはならないし、組合員に要求されてもこの業務命令権を盾に応じる必要はない。ユニオンに遠慮して例外的に応じてしまうと、いつの間にかそれが既成事実化してしまい、職場の規律が乱れてしまうのだ。ルールはルールとしてきちんと線引きしておきたい。

・人事権

個別組合員の昇格や昇給といった人事評価や異動をユニオンとの協議事項に入れてしまうと、それ以降社内人事にまつわる様々な決定にユニオンの同意が必要になってしまう。そもそも経営者による評価とユニオンによる、評価は相いれないものだし、マネジメントをユニオンに乗っ取られているに等しい異常事態となる。絶対に避けるべきである

・施設管理権

社屋を管理する権限は会社側にある。したがって、ユニオンに活動場所を与えたり、掲示板を使用させるかどうかといった決定権も会社が持つことになる。ユニオン側は「労働組合への物的便宜供与は合法だ」と言ってくるだろうが、仮に一度でも掲示板使用を認めてしまえば、その内容について指摘することが「表現の自由への干渉だ」と逆に非難されるリスクも生まれることになる。全ては施設管理権を盾に、そもそも掲示板の設置や使用を認めなければよいことだ。

そのうえで、どこまでのラインであれば妥結できるか、どの点については争うかのラインを設定しておく。例えば、未払い金があるなど明らかに違法状態で証拠も明確な部分については申し開きの余地はないが、問題となっている社員の普段の素行や業務態度、ハラスメントなどについては争える余地があるためだ。相手方がハラスメントだとあくまで主張するならば、その証拠を双方で出し合って照会しながら話し合いを進めていくことになる。

（6）団体交渉の進め方における留意点

・発言者は限定する

団体交渉での発言者は1名だけと決めておくこと。複数人が思い思いのことを発言してしまうと食い違いが生じたり、不適切な発言をし、揚げ足を取られたりすることにもなりかねない。相手に話させることを基本とし、こちら側は聞かれたことに回答するだけで充分だ。逆に、相手側の説明が不充分であれば、どんどん質問すればよい。

・相手側の態度に動じない

悪質なユニオンは、大声を出したり、「労基法違反だ！」「不当労働行為だ！」「労働委員会に申立るぞ！」「ビラをまくぞ！」「社屋前で街宣するぞ！」などと、いろいろと強気に言ってきたりすることが想定される。しかしこれは彼らの威嚇目的の常套手段であり、何ら恐れることはないのだ。ユニオンは労働基準法には少し詳しいかもしれないが、労働基準監督官ではない。すなわち、何ら法的権限のない人たちである。

同様に、「過去の判例ではこうだ！」「労基署に行く！」といった主張をしてきても動じることはない。「この場は法廷ではない。あくまで団交だ。その判例はあくまでその会社の事情であり、当社には当社の事情がある」と、正々堂々と言い返せばよい。実際、法律論だけで完結する話ではなく、各企業の背景もあるのだ。労基署に行くというなら行かせて、どんな見解であったか確認すればよいのである。

一方、こちら側は単に「言われ慣れていない」だけの話だ。くれぐれも彼らの強気な口調に負けて、安易に合意文書を交わしたりしないようにして頂きたい。

・交渉内容は記録する

録音でも議事録でも、団体交渉の内容は必ず記録を残すようにすること。そもそも団体交渉の目的は、話し合いをおこない、合意形成し、労働協約を締結することである。後々「言った／言わない」の争いにならないようにしておきたい。録音するなら雇用者側もユニオン側も双方やるべきだし、録音を拒否したいならば事前に伝えておくべきだ。録音しないならば、議事録をとる担当者を1名出席させておくとよいだろう。

・安易に約束しない

雇用者側は団体交渉に応じ、質問に対してきちんと説明すればよいのであって、ユニオンに対して不用意に譲歩する必要はない。「誠実な対応」をすることと「要求に応じる」ことは別問題だ。

特に、ユニオンの要求に従って「合意文書を交わす」ことについては簡単に応じてはいけない。それがどんな名目の文書であろうが、ユニオンは「労働協約だ」と主張し、今後の交渉の論拠にしてくるからだ。充分に時間をとって、慎重に検討してからにすべきである。

ただ、まったく譲歩も交渉もする余地がない状況をつくってしまうことは、ユニオン側に不誠実だと言わしめてしまうことになるのでバランスが重要である。

・基本は粘り強く、しかし相手の態度次第では席を立つ

団体交渉における基本姿勢は「粘り強く継続する」こと。最終的には和解金という形で解決することが多いのだが、ユニオン側からの要求金額が当初こそ相場とかけ離れていたとしても、交渉を続けることで妥結案が出てくることもあるし、金額が現実的な水準に落ち着くこともあり得る。

双方が真摯な態度で交渉に臨めればよいのだが、一部ユニオンは威嚇目的なのか、大声を出す、机を叩く、暴言を吐くといった類の示威行為に出ることがある。そのままの

状態で話し合いを続けることなどできないので、席を立って交渉もストップさせて問題ない。言葉によるものでも暴力であり、民事や刑事でも事件になり得るものだ。不介入なのは「正当な組合活動」だけである。

・相手方が算出してきた金額を鵜呑みにしない

未払い残業代が存在するなど、証拠が明らかな不払い案件についてはこちらから申し開きをする余地は基本的にないものだが、悪意あるユニオンの場合、故意に「水増しした、過大な金額を要求してくる」ケースがあるので、その可能性は留意すべきである。その手法は、会社が適正に支払っていた残業代を含めた形で基礎賃金を算出し、それを基にした残業代を請求するというものだ。（本来は、所定労働時間に残業代は含まれず、裁判でも認められることはない）そうやって出された金額は時間単価の計算が明らかにおかしくなっており、もともとの時給が倍くらいになっているケースもある。経営者がそのあたりの計算に無頓着だと、そんなものかと思って要求を呑んでしまうこともあるため、きちんと確認すべきである。相手方も分かってやってきているため、根拠を基に確認すればアッサリ引き下がるものだ。いずれにせよ、このようなやり口はとても良心に基づくものとはいえず、不誠実なブラックユニオンの姿勢が垣間見える。

・書面には安易にサインしない

団体交渉の最後、ユニオンは交渉の議事録などに署名を求めてくることがあるが、サインして良いのは最終的な合意に関わるものだけだ。団交の場でそれ以外にサインや捺印をしてしまうと、それが代表者のものでなくても、議事録に書かれた内容でユニオン側に都合のよい部分を「労働協約だ」と主張されてしまうリスクがあるためだ。

以上が基本的な、進め方における留意点である。相手は交渉の場数を踏んだ海千山千の存在だ。決して安易な妥協はせず、組織の利益を守って頂きたい。もし自分たちでは手に負えなそうであれば、ムリをせずに団交対応に慣れた専門家の力を借りることをお勧めしたい。

ブラック企業が生まれてしまうメカニズム

「危険ドラッグ」を「脱法ハーブ」、「暴行恐喝行為」を「いじめ」、などと称するように、「語感のイメージでは実態を反映していない言葉」というものが存在する。「ブラック企業」など、その際たるものだろう。

「ブラック企業」というキーワードは実に便利だ。違法企業も、厳密には違法ではない企業も、全部怪しげな印象としてひとまとめにしてブラックと称する。話題になりやすく、情報は広がりやすいし、明確に「違法企業だ！」と糾弾しているわけでもないので、名誉棄損などで訴えられるリスクもない。

しかしこの「ブラック企業」という曖昧な言葉の存在が、そもそも問題の根源を見えにくくさせ、解決を遅らせているとも言える。確かに違法状態を放置しているブラック企業は悪だが、それ以外にもブラック企業を温存させてしまう原因が存在しているのだ。

結論から言うと、ブラック企業問題は「悪意ある個別企業」だけで終始するものではない。「ブラック企業にしか行きどころのない人」「厳しい消費者目線」「特定企業を『ブラックだ！』と騒ぎ立てる大衆」、そして「労働法制」・「労働行政」・「雇用慣行」がセットになって成り立っているのだ。

もちろん、故意に法律違反し、違法状態を改めようともせず開き直っているブラック企業は撲滅すべきである。しかし、問題はそれだけではない。特に我々が日々どっぷりと浸かり、当たり前のように過ごしているこの日本という国の労働慣行や国民性なども、ブラック企業をのさばらせている根源的な原因の1つなのだ。そこで、「ブラック企業以外の原因」を大きく4つに分けて確認していきたい。

（1）労働行政・司法の問題

労働行政の展開としては、1947（昭和二十二）年に労基法ができてから、最優先事項は常に「死亡災害などの労働災害をなくすこと」であり、長年その撲滅に力を入れてきた。すなわち、工場労働者などブルーカラーの安全衛生指導が中心であったのだ。昨今、ようやくそういった労働災害が減ってきたので、その分の業務量をこんどは一般的な労働環境へとシフトしてきたところである。従って、2013（平成二十五）年頃から厚生労働省としても取り組みを強化しているわけだ。

また戦後復興期に、国として財源が不足している中でも、社会保障を拡充せねばならないという局面において、「企業が雇用を増やすことで、社会保障の一部を担う」「企業が負担する雇用と保障について行政が支援する」「労働組合が経営を監視する」という役割分担ができた。だから現在に至るまでも、司法は「解雇」には大変厳しい。「企業は雇用すべし」という役割を果たさないことになるからだ。一方で、それ以外の「長時間労働」「残業代未払い」といった違反を大目に見ているところがある。すべては当時の役割分担に起因しているのだ。

それから、労基署の体制も問題の1つだ。ブラック企業による違法行為が報道されると、必ず「労基署がしっかり取り締まればいいのに」といった反応が聞かれる。確かにそのとおりなのだが、現実的には難しい構造問題が存在する。

現在、労基署に持ち込まれる相談案件の数が多過ぎ、実質的に捌ききれていない状態なのである。また労働者数あたりの労働基準監督官の数も、他国と比して相対的に少ない。監督官が日本に存在するすべての事業所を訪問するとなると、現在の監督官の人数では何十年もかかってしまう。人員増要求は以前からおこなっているが、厳しい行財政状況もあり、なかなか難しい状況だ。

もちろん労基署としても指導強化していきたいという意志はあるが、人数の割に相談数が圧倒的に多く、どうしても優先順位をつけざるを得ない。より重大なもの、より証拠がしっかりそろっているものを優先することになる。具体的には「賃金未払い」や「残業代不払い」といった事案で、事実関係の明確な証拠が残っている事例が多く、労基署としても対処しやすいからだ。

一方で、たとえば「解雇」や「ハラスメント」については、個々人の感じ方や価値観、背景状況の差異が関わってくるので扱いが難しいと判断されることが多い。「パワハラ」が問題として認識されるようになったのは最近のことであり、国は2019（平成三十一）年になってようやくパワハラの要件を設け、事業主に防止対策を取るよう初めて法律で義務付けたばかりだ。しかも前述のとおり従業員側に問題があるケースも考えられるため、罰則を伴う禁止規定はない。ちなみにこのパワハラ対策義務化は大企業では2020（令和二）年4月に始まり、中小企業は同時期に努力義務でスタートし、その後2年以内に義務化される見通しだ。

（2）雇用慣行の問題

日本と欧米の働き方の違いを表すステレオタイプなイメージとして、よく挙げられるのが、

「日本人は働き過ぎ、欧米人は定時に帰って家族との時間を大切にする」

「日本人は有休もとらずに働き、欧米人は丸々1ヵ月のバカンスを楽しむ」

「日本人は長年1つの会社で働き、欧米人はキャリアアップのためよく転職する」といったものだ。しかし、これは欧米の働き方のごく一部しか捉えていないことを、どれだけの方がご存知だろうか。

私たちは日本的な「新卒一括採用」「終身雇用」「年功序列」といったシステムを当たり前のものとして育ってきたのでイメージがわきにくいが、これは世界的にみてかなり特殊なものである。しかも、そこで語られていない要素こそ、日本とそれ以外の国の働き方を分ける大きな点なのだ。

その要素とは、「日本企業は『全員が幹部候補になり得る』が、日本以外の場合、幹部候補となる一部のエリートと、それ以外の大多数のノンエリートに厳然と区別された構造になっている」ということ。専門用語では、国際的には「ジョブ型雇用」「職務給」であり、日本は「メンバーシップ型雇用」「職能給」と分類される。そしてこの点こそが、日本企業がブラック化してしまいやすい要因でもあるのだ。

日本以外のほぼすべての国では、「仕事」に対して求められる資質や経験が決まっており、資質をもった人がその「仕事」に応募して働くという形をとる。いわば「仕事に人がつく」形態であり、報酬も仕事に応じて決まるので「職務給」と呼ばれる。

一般的に欧米ではワーク・ライフ・バランスが実践されているとの印象が行き渡っているが、その認識は一部間違っている。正確には、「出世や管理職とは無縁のノンエリート層では余暇が充実し、ワーク・ライフ・バランスも行き渡っているが、管理職や企業経営を担う一部のエリート層は、日本以上にハードワークである」というのが実情だ。ノンエリート層は何年勤めようが、上位管理職に自動的に昇進することはなく、基本的には同レベルの現場実務を続けていく。そうやって実務スキルが習熟していくため、転職の際にもスキルセットで判断しやすく、比較的容易に転職ができる。また、いわば「ずっとヒラ社員」の状態であるため、脱落や劣後といった心配もなく、休暇取得や育休取得に抵抗なく、どんどん休める。当然無茶な長時間労働をする理由もないため、ワーク・ライフ・バランスが充実するのだ。そして、組織においてその仕事の必要がなくなったり、採用した人が契約に応じた働きができなくなったりすれば、企業は整理解雇をすることができる。海外では「簡単にクビになる」と言われるのはそのためだ。

一方で日本はどうだろう。日本の「新卒一括採用システム」は、「会社組織」に対して「求める人物像」が決まっており、「意欲」「主体性」「粘り強さ」といった資質を持った人がその会社に応募して採用される。仕事は入社後、人に合わせて決まる形をとるので、「人に仕事がつく」形態であり、報酬は業務処理力（通常は年齢＝年功）に応じて決まるため「職能給」と呼ばれる。

良いか悪いかは別として、日本企業の建前は「全員が社長になれる可能性がある」という平等性を〝売り〟にしており、それゆえに「全員が出世を目指して頑張る」という姿勢が大前提となる。そして「メンバーシップ」の名のとおり、入社したらその組織の「ファミリーの一員」のごとく扱われる。ファミリーであるから、多少仕事ができなくても、また急な景気変動が起きて会社の業績が悪化しても、いきなりクビになることは基本的になく、賃金据え置き、異動や転勤、転籍、出向などの形で組織内には温存される形になる。となると、クビにはなりにくい代わりに、労働者は企業内のすべての業務に従事する「義務」が発生する。会社側が一方的に転勤や転籍、出向などを命じることは、日本以外の諸外国ならパワハラ扱いになるくらいの事態なのだが、日本の場合は当然のこととして認識されている。実際これまで、「会社の残業命令や転勤辞令を拒否した」ことを理由に、社員を解雇した事件が裁判で争われたことがあったが、最高裁で「合法」という判断がなされており（諸外国では不当解雇扱い）、日本の特殊事情が見てとれる。結果として、「頑張っていない者」扱いされることを避けるために、会社の命令には素直に従い、また周囲の目を気にして権利であるはずの休みもとらず、長時間労働に勤しむ形となってしまいがちだ。

すなわち、これまで私たちが慣れ親しんできた日本型の労働慣行には、「クビになりにくい代わりに、低賃金、長時間労働、転勤・転籍・出向といった条件を受け容れざるを得ない」という点でブラックな労働環境になりやすい要素が含まれているということになる。

とはいえ、そこまで会社側の権限を認めているのも、あくまで会社が従業員をファミリーの一員として大切に扱い、たとえ業績が悪くても安易にクビにせずに雇用し続けるという前提があっての話だ。前提条件を守らずに、従業員を酷使するだけのアンフェアな会社はブラック企業の誹《そし》りを受けても仕方がないだろう。

（3）ユーザーや外野の問題

これは日本社会の「空気感」のようなものと密接に関係している。長らく儒教的文化の影響を受けたことも一因かもしれないが、「立場が下の人は上の人の言うことを黙って受け入れる」というような無言の社会的圧力があり、それに対して異論を唱えることは「和を乱す」行為と捉えられてしまう。

教育やスポーツ指導の現場で、いまだに体罰やパワハラがニュースになり、職場では相変わらずセクハラやモラハラが横行しているのも、同じ構造だろう。この体質が、ブラック企業が生まれる根底にある。

ブラック労働との繋がりでいえば、サービスや商品に完璧を求め、無限に要求をエスカレートさせる「モンスター客」や「クレーマー」などの存在がそうだ。「金を出しているのだから」「お客様は神様」という意識が根強く、自分の立場を「上」と見なしての行為である。こうした歪みが、過剰な水準の接客サービスを従業員に強いることとなり、対抗手段をもたない末端の労働者の過剰労働に繋がるのだ。

ちなみにこの「お客様は神様」というフレーズは、演歌歌手の三波春夫から発せられて有名になった言葉だが、決して「金を払った客なんだから、神様扱いしろ」という意味ではない。「お客様を神様と捉える。そうすることで芸に磨きをかけ、心の雑念を払い最高の芸を見せることができる」という主旨である。

相応の対価も払わずに、サービス要求水準ばかり厳しいお客様は「神様」ではない。

高いレベルのサービスを受けて気持ちよくなりたいのであれば、それに見合った金額を支払うべきなのだ。

そして、ネット上などでよく見られる、容赦ない「ブラック企業叩き」について。これは一種の私刑のようなもので、脊髄反射的に批判をしてしまうことは単なる思考停止と同義と言ってよいだろう。違法行為をおこなった企業に対して批判的な言説を唱えるのは正義の発露であり、一時的にはむしろ周囲からも応援されるくらいの、溜飲が下がる行為かもしれない。しかし、批判している人は直接的な被害者なのだろうか。被害者の代弁役を託されたわけでもない第三者が、勝手に自分の中の正義感を振りかざして、匿名で安全な場所から一方的に罵詈雑言《ばりぞうごん》を浴びせることは「公益」でもなんでもなく、「誹謗《ひぼう》中傷」でしかないことに気づくべきである。

究極的には、その会社がブラック企業かどうかなど、当事者以外のほとんどすべての人にとっては関係ないことだ。イヤなら自分がそこに行かなければいいだけであり、それをあえて外野からブラック企業と非難することにおいては、好きでその会社に身を置いて仕事をしている人に対しての冒涜《ぼうとく》であることにも合わせて気づくべきである。

（4）応募者や従業員の問題

求人への応募は誰でもできるが、「売り手市場」と言われる昨今においても、本当に優良な企業の選考基準は変わらず厳しいものだ。どんな業界、どんな会社でも必ず尋ねられるのは、学生であれば「あなたがこれまでに力を入れて取り組んだことは？」、社会人であれば「前職における業績は？」という質問である。さらには、就職面接に至るまでの人生において、「目標を持って、主体的に取り組んだか」、そして「困難があってもめげずにやり抜いたか」、さらには「経験から学び、強みを普遍的に発揮できているか」などが問われる。実際、様々な困難にめげずに乗り越え、何かをやり遂げた経験実績があり、かつ周囲の人と協力できるだけの人柄を持ち合わせている人たちは、やはり優良企業に受かっているものなのだ。内定を得られる者は1人で複数の内定を独占し、得られない者は1つも得られないという現実はシビアではあるが、世の中のリアルだと言える。

ブラック企業は、採用選考に受からず、不採用通知を立て続けに受けた応募者の弱い心に付け込むのが実にうまい。「書類選考ナシ！」「学歴、経験、実績、資格など一切不問！」「100％面接します！」といった甘言で応募者を集め、わずか数分の雑談で内定を出してしまうこともある。なぜなら、彼らは頭数さえ揃えば誰でも良く、入社後、仕事についてこられない者は辞めればいいと考えているから。余計な選考ハードルは不要なのだ。意中の企業に落ちて「自分の価値なんてないのかも……」と心が弱くなっている応募者に、この展開は大変心地よい。こうして人は、ロクに考えずにブラック企業に入ってしまうのだ。

言葉は厳しいが、「ブラック企業にしか受からなかった自分の努力不足、調査不足を反省せよ！」という叱咤もまた真であり、ブラック企業をのさばらせているのは無反省の自分たちでもあるのだ。

ただし、この場合のブラック企業とは「故意に違法状態を放置している企業」のことを指す。一方で、「急激に成長しているが故にハードワーク」「従業員に求める水準が高いハイプレッシャー企業」については別の見方をしなくてはならない。

たとえば、リクルートやサイバーエージェントといった企業の場合、早い人であれば新卒入社後数年で、年間売上数千万円～億円単位の事業を任せられることがある。その覚悟をもって、成長したいという意欲と共に入社した者にとっては願ってもない環境であり、それ故「市場価値が高まる会社」「人材輩出企業」といった評価に繋がっているわけだ。一方でそのあたりの意志が弱く、大手有名企業だから入ったという者にとっては、「ハードワークでプレッシャーも厳しい……。ブラック企業だ！」と感じることもあるかもしれない。それだけの覚悟と力量が求められる環境であることを理解して選ぶべきだし、納得して入ったならば文句を言う筋合いはない。つまり、心意気がない人はそもそも入るべきではないのだ。

経営者は知識武装し、「見える化」でブラックユニオンと対峙せよ!!

これまで論じてきたように、年齢や役職、権力だけでマネジメントしていては、ブラック社員とブラックユニオンに付け込まれるリスクのある時代となった。問題が起きてしまい、ブラックユニオンの介入を招いてしまってから対処するのでは遅すぎるし、途方もない時間とお金、そして何よりエネルギーを奪われ、後に残るのはあなたの会社が「ブラック企業」だという風評だけだ。一生懸命経営してきた結果がそれではあまりに空しい。

本書をお読み頂いたあなたには、ぜひ本日から一歩踏み出す勇気をお持ち頂きたい。働き方改革の推進やハラスメントを防ぐ組織内コミュニケーションの試みは、確かに手間と時間は要するが必ずやあなたの会社の生産性、そして雰囲気を改善し、健全な労使関係が構築できれば、ブラック社員やブラックユニオンの入り込む余地はなくなることだろう。

遵法に経営し、後ろめたいことがなければ、仮にブラックユニオンに狙われたとしても正々堂々と対峙できるはずだ。ぜひ彼らを公開の場所に引きずり出し、どのように陰湿な団交を仕掛けてくるのか白日の下に晒せばよい。録音も録画も情報公開も積極的におこない、一体どちらが悪質なのか、世論の判断を仰ごうではないか。

ブラックユニオンは、無知で進歩のない経営者に忍び寄る。ぜひ経営者は学び、日々改善し、勇気をもって堂々と、悪意ある勢力に対抗して頂きたい。

【巻末付録1】

アリさんマーク引越社、現役社員の声

実際のところ、引越社は世間から袋叩きにされるに相応しい、劣悪ブラック企業なのだろうか？

現時点で流布している引越社関連の報道は、引越社による被害者という立場の元従業員や、彼らを支援するユニオンから発信されたものがほぼ全てである。当然ながら、彼らは同社のネガティブな面を前面に出して告発している。また、同社は和解を経てもいまだ公式な取材は受け付けておらず、会社側からの見解を知る術はない。

筆者は仕事柄もあり、本件和解の成立前に同社幹部や各拠点の管理職、そしてセールスドライバーに至るまでの多様な現役従業員を対象に、仔細なインタビューをおこなう機会があった。世間一般の印象と、同社内部から見える風景はどのように違うのか、細

かく検証していきたい。

〈現役従業員のリアルな声とは〉

（インタビュー協力　幹部社員B氏、本部管理職C氏、拠点長D氏、セールスドライバーE氏）

――本件報道を見てどのような印象を抱いたか？

B「実際とはだいぶズレた報道をされているという印象だ。当社が悪者と映るような印象的な場面だけを抜き出し、切り貼りされていると感じる」

D「報道をご覧になったお客様からは『大変ですね』と労って頂けるが、本当に報道以上のことは知らないし、特段自社が『ブラック企業』だと実感することはない。実際『そんなこともないんですけどね…』と返答している。働く身としては、やることをやるだけ」

C「私もブラックという印象はない。時間管理にも人にも厳しく、教育もしっかりしている。もし本当にブラックであれば皆辞めているはずだが、実際報道や一連の事件が理由で辞めた人はいない」

E「すごく働きやすく、フォローもしてくれる会社。従業員を大切に育てて残そうという考えなので、慣れるまでは無茶をさせない。自分もブラックと思ったことはないので、『なんか騒がれてるな』という程度の印象しかない。気にされるお客様もたまにおられるが、その辺は行動で示す。実際、お客様に被害が及ぶことはないので」

――「働きやすい」「しっかりしている」と言える根拠は？

D「入職直後からマナー、会社のルール、引越技術等にまつわる綿密な研修があり、試験を受けてパスしないと次の職位に就けない。やる気があれば1ヵ月ごとに試験が受けられ、職位が上がれば給料も月額で数万円アップする」

C「私の担当業務は各支店の指導。担当支店を全て回り、人事や資材、お金の流れについて点検し、間違った部分をチェックして指導している。具体的には、タイムカードがきちんと記録されているか、管理データと符合しているかどうか、資材の管理状況や扱いは雑でないか、頂いた代金がきちんと流れているか、などだ。改善点があれば指示書を発行し、期限を設定して改善確認をおこなっている」

E「会社から『次のステップ』『次に必要なスキル』という具合に目標を提示されるのでやりやすい。先輩にも気軽に相談できる雰囲気で、異動で拠点が変わっても、同じようにいい先輩が多い。働きやすくしたいという意識が一人一人にあるのではないか。また営業についても飛び込みは一切なく、すべて問い合わせに対応する反響営業だからやりやすい」

――引越社への入社検討にあたって、待遇や福利厚生の充実を挙げた人が多かったが

D「私の場合は3年で管理職になれたが、給料は月額で10万円近くアップした。また、妻の誕生日にはお祝い金として5万円が妻の指定口座に贈られるほか、有給の『配偶者バースデー休暇』をもらえる」

C「確かに家族に対して優しい会社。『旦那が朝早くから働いて妻も大変だろう』というねぎらいの気持ちがベースにある。あとは勤続年数による報奨。5年ごとに休暇と報奨金をもらえて、旅行に行ける権利がある。さらに役職によるが、通常の休暇に加えて3日間+8万円の報奨金が得られる制度もある」

E「待遇や福利厚生には満足している。会社契約のリゾート施設があるので、それも活用している。シフト制だが月10日の休みは確保できており、そのシフトも自己申告で希望を出せ、基本的に希望は通るようになっている。また夏季や年末年始など長期休暇は会社全体で一斉に休みになり、それに合わせて有休を付けてさらに長く休んだりもできる」

――一方で、これまでの労働紛争では劣悪な労働環境や違法状態が指摘されているが。

B「今は繁忙期などでもよほどのイレギュラーがない限り、残業はやらない。労務管理は厳しくしていて、従業員も『定時内で終わらせなければならない』という意識が強い。平成16〜17年あたりから力を入れ始めた。当時、佐川急便やヤマト運輸でコンプライアンス違反があって厳しく報道される様子をみていて、我々はいち早く動いた。180度変わったといっていい。

管理職がしっかり時間管理と人員配置して、時間内で終わるように予定を組めと号令し、チェックした。売上が下がる可能性はあったし、実際に多少は下がったが、チームの組み方も工夫して、1ヵ月単位でも繁閑の様子をみて、作業がないときは早く帰るなどの工夫をおこなった。今はスタッフ個々人の得意分野を見極めて人員配置がなされている。状況に応じてメンバーも臨機応変に対応できる体制だ」

D「今の実質的な勤務時間は、朝9時半くらいから、忙しい時期でも19時くらいまで。現場作業についても集合は朝7時半からと早いが、平均18時くらいまでには各支店に戻ってきているケースが多い」

E「作業が遅くなりそうであれば増員もしてくれる。逆に早く終われば15時くらいには帰れることもある。もともとの給料にみなし残業代が含まれているが、みなし時間を超えた分については1分単位で計算して払われている」

C「出勤から退勤までの時間管理は厳密だ。早めに来て前残業するのもダメだし、サービス残業についても厳しい。作業量は残業していた頃とさほど変わらないため、時間内に終えるためには工夫が必要だが、社員からの反発はない。むしろ、社員の家族からは早く帰れることで歓迎されている」

B「作業時の破損弁済金について、本人負担の扱いは難しいところだ。以前は事案によっては『本人全額負担』ということもあったが、現在は以前より基準が緩和され、『本人負担額は最大でも損害金額の3割』となった。ただ、それをゼロにしてしまうと緊張感がなくなるという考えがある。あと現在36協定はきちんと結んでいる」

――和解を受けて、今後どのように改善していくのか。

B「これまで労働基準監督署や労働委員会から指摘された違反行為や、こちらが悪いことはすべて認め、改善した。これまでの取り組みは社員を管理するという意味ですべて必要なことだったが、やり過ぎた側面もある。これからは時代に合わせてもう少し柔軟に対応するとともに、人事制度や評価制度、就業規則、働き方などを見直していくべく着手をしている」

【巻末付録2】

就業規則に反映すべき「制裁規定」と「該当する問題行動」

第●条（制裁の種類、程度）

制裁の種類は次のとおりとする。

第●条（訓戒、譴責、減給、出勤停止及び降格）

① 訓　戒——口頭での注意により将来を戒める。

② 譴　責——顛末書によって自身の非違行為を反省・謝罪し、将来同様の行為を行わないことを誓約する。

③ 減　給——顛末書の提出を求めたうえ、1回の額が平均賃金の1日分の半額、総額が一賃金支払期における賃金総額の10分の1以内で減給する。

④ 出勤停止——顛末書の提出を求めたうえ、7労働日以内の出勤停止を命じ、その期間の賃金は支払わない。

⑤ 降　格——顛末書の提出を求めたうえ、役職や等級を下げる。その際には役職に付随する手当等は原則なくなる。

⑥ 諭旨退職——退職願を提出するよう勧告する。なお、勧告した日から3労働日以内にその提出がないときは懲戒解雇とする。

⑦ 懲戒解雇——予告期間を設けることなく、即時に解雇する。この場合、所轄労働基準監督署長の認定を受けたときは解雇予告手当を支給しない。

以下の各号の一に該当する場合は、譴責、減給、出勤停止、または降格にする。ただし、情状によっては訓戒にとどめることがある。

①正当な理由なく欠勤、遅刻を重ねたとき。

②過失により災害または、営業上の事故を発生させ、会社に重大な損害を与えたとき。

③タイムカードの不正打刻をしたもしくは依頼した場合。

④虚偽の申告、届出を行ったとき。

⑤重大な報告を疎かにした、又は虚偽の報告を行ったとき。

⑥職務上の指揮命令に従わず職場秩序を乱したとき。

⑦素行不良で、会社内の秩序又は風紀を乱したとき（ハラスメントによるものを含む）。

⑧過失により会社の建物、施設、備品等を汚損、破壊、使用不能の状態等にしたとき、又はサーバ、ハードディスクその他電子媒体に保存された情報を消去又は使用不能の状態にしたとき。

⑨会社内で暴行、脅迫、傷害、暴言又はこれに類する行為をしたとき。

第●条（懲戒解雇）

⑩会社及び会社の従業員、又は関係取引先を誹謗若しくは中傷し、又は虚偽の風説を流布若しくは喧伝し、会社業務に支障を与えたとき。
⑪会社及び関係取引先の秘密及びその他の情報を漏らし、又は漏らそうとしたとき。
⑫職務に対する熱意又は誠意がなく、怠慢で業務に支障が及ぶと認められるとき。
⑬職務権限を越えて重要な契約を行ったとき。
⑭偽装、架空、未記帳の取引を行ったとき。
⑮正当な理由なく、無断欠勤が連続、断続を問わず5日以上に及ぶとき。
⑯会社の定める健康診断を受診しないとき。
⑰定められた届出をせず、許可のない残業や休日勤務を複数回行ったとき。
⑱道路交通法上相当の違反行為があったとき。
⑲施設内で賭博行為、もしくは類似する行為を行ったとき。
⑳第5章の服務心得等に違反した場合であって、その事案が軽微なとき。
㉑その他前各号に準ずる程度の不都合な行為を行なったとき。

以下の各号の一に該当する場合は懲戒解雇に処する。ただし情状によっては、諭旨退職、降格、減給または出勤停止にとどめることがある。

①無断もしくは正当な理由なく欠勤が連続14日以上に及んだとき。

②出勤常ならず、改善の見込みのないとき。

③刑罰法規の適用を受け、又は刑罰法規の適用を受けることが明らかとなり、会社の信用を害したとき。

④重要な経歴をいつわり、採用されたとき。

⑤故意または重大な過失により、災害または営業上の事故を発生させ、会社に重大な損害を与えたとき。

⑥会社の許可を受けず、在籍のまま他の事業の経営に参加したりまたは労務に服し、若しくは事業を営むとき。

⑦職務上の地位を利用し、第三者から報酬を受け、若しくはもてなしを受ける等、自己の利益を図ったとき。

⑧会社の許可なく業務上金品等の贈与を受けたとき。

⑨前条で定める処分を再三にわたって受け、なお改善の見込みがないとき。

⑩第5章の服務心得に違反した場合であって、その事案が重大なとき。
⑪暴行、脅迫、傷害、暴言その他不法行為をして著しく社員としての体面を汚したとき。
⑫正当な理由なく、しばしば業務上の指示・命令に従わなかったとき。
⑬私生活上の非違行為や会社に対する誹謗中傷等によって会社の名誉信用を傷つけ、業務に重大な悪影響を及ぼすような行為があったとき。
⑭会社の業務上、及び関係取引先の重要な秘密を外部に漏洩して会社に損害を与え、または業務の正常な運営を阻害したとき。
⑮重大な報告を疎かにした、又は虚偽報告を行った場合で、会社に損害を与えたとき又は会社の信用を害したとき
⑯素行不良で、著しく会社内の秩序又は風紀を乱したとき（ハラスメントによるものを含む）。
⑰会社に属するコンピュータによりインターネット、電子メール等を無断で私的に使用して猥褻物等を送受信し、又は他人に対する嫌がらせ、セクシュアルハラスメント等反社会的行為に及んだとき。

⑱会社及び会社の従業員、又は関係取引先を誹謗若しくは中傷し、又は虚偽の風説を流布若しくは喧伝し、会社業務に重大な支障を与えたとき。
⑲再三の注意及び指導にもかかわらず、職務に対する熱意又は誠意がなく、怠慢で業務に支障が及ぶと認められるとき。
⑳職務権限を越えて重要な契約を行い、会社に損害を与えたとき。
㉑偽装、架空の取引等を行い、会社に損害を与え又は会社の信用を害したとき。
㉒会計、経理、決算、契約にかかわる不正行為又は不正と認められる行為等、金銭、会計、契約等の管理上ふさわしくない行為を行い、会社の信用を害すると認められるとき。
㉓その他前各号に準ずる程度の不都合な行為のあったとき

【巻末付録3】

面接では限られた時間で判断を下さなければならない上に、複数の面接官が関わることで意見が割れてしまうこともある。そのような際に有効なのが、あらかじめ評価基準と質問項目を決めておき、マニュアルに沿って実施する「構造化面接」や、応募者の価値観や性格、思考パターンを見極めるために掘り下げた質問をおこなう「行動面接」である。この2種類を組み合わせた形で面接するとよいだろう。具体的には、次のような流れで進めていく。

・自社の採用基準を明確にする
自社がどんな人材を採用したいのか、求める人物像と採用基準を明確にする必要がある。たとえば「リーダーシップと実行力を持った人を採用したい！それさえあれば、別に学歴とか年齢にはこだわらない」「月次・年次の決算業務ができて、今後やるべきことまで提案できる人なら、リモートワーク環境も整える」「いくら実績豊富でも、協調性がない人は採用しない」など、具体的に明示する必要がある。

・評価基準項目を基に、基本となる質問を設定する
もし求める人物像として「課題解決力」と「主体性」を挙げるならば、「あなたがこれまでの業務上、自ら課題を発見して解決しようとし、主体的に行動したことで成果につながった経験について教えてください」など、応募者が求める力を持っているかどうかを確認できる質問を設定する。

・「STAR質問」で掘り下げて確認する

評価基準項目について掘り下げた質問をおこなうことで、応募者の価値観や性格、思考パターン、行動パターンを見極める。「STAR」とは、確認すべき4項目の英単語頭文字をとったものである。この項目を基に、過去の経験について質問をしていくのだ。

S（Situation）：その時の状況、環境はどうだったか

T（Task）：その時の課題や、それに対するあなたの役割は何だったか

A（Action）：その課題に対して、あなたはどんな行動を取ったか

R（Result）：その行動の結果はどうだったか

・「Situation」の質問例

「そのときのチーム体制、あなたの役割を教えてください」

「リーダーになられた際は、自薦？他薦？　推薦を受けた理由は？」

「当時の目標は？　その達成難易度は？」

「メンバーは全員協力的でしたか？」

「どのような課題が存在していましたか？」

・「Task」の質問例

「リーダーとしての役割にはどのようなものがありましたか？」

「チーム業績不振の原因は何だと考えましたか？」

「その課題に対して、どのような解決策を考え出しましたか？」

「最終的に、その策で行こうと判断したポイントは？」

「メンバーの反応はどうでしたか？」

・「Action」の質問例

「その策を実行するにあたって、まず何から着手しましたか？」

「その段階でどのような準備をしましたか？」

「非協力的なメンバーや関係者に対してどのように働きかけましたか？」

「なかなか順調に進まない際も、めげずに続けられた理由は何ですか？」

・「Result」の質問例

「策を実行した結果はどうでしたか？」

「今振り返ってみて、何か反省点はありますか？」

「その際に得られた知見を、他の場面でも活かせた事例はありますか？」


この方法により、面接者が誰であっても一定の基準で応募者を評価することができるとともに、実際に経験をしていないと回答できないスタイルである故に、自分を実際以上に良く見せようとする応募者を排除でき、採用確度が高まる効果を持つ。

あとがき

「責任は全て自分以外のどこかにある」という「他責思考」の人は、全てを会社や社会の責任にするだけでは結局何もできないままになってしまう、とまえがきに記した。「他責」の反対である「自責」、すなわち「自己責任」という考え方も重要ではあるが、全てを自分事として抱え込んでしまうと、それはまた過労や鬱に繋がってしまって健全ではない。世の中の仕組みについては、自己責任と社会的な共助のバランスをとって考えていくべきではなかろうか。

企業やブラック顧客については近年多くの批判を見聞きする。一方で、労働者側に位置するブラック社員やブラックユニオンについてはまだまだ言及される機会が少ない。周囲に迷惑をかけているこの種の存在に対する批判や対策は、もっと普通に議論されていくべきである。本書がそのきっかけになれば大変幸甚だ。

本書執筆にあたっては、多くの方のお力添えを頂戴した。本書で採り上げたユニオンの現役/元・執行委員、組合員、およびユニオンを頼って相談に赴かれたブラック企業被害者の皆様、そして信頼できるパートナー調査会社、株式会社リーガルサポーターズ統括本部長の加藤貴久氏においては、ユニオンにまつわる貴重な内部情報を共有頂いた。日本労働教育総合研究所代表の特定社会保険労務士、野崎大輔氏には実践的な悪質ユニオン対策法をご教示頂いた。氏はユニオンとの団交経験も豊富にお持ちなので、対応にお困りの経営者の皆様は一度相談されることをお勧めする(日本労働教育総合研究所 http://nichirosoken.com/info/office.html)。ご多忙の中全面的に取材協力を頂いた株式会社引越社、および株式会社引越社関東の皆様、遅筆の筆者を日々鼓舞してくれたインターン生の池谷映吏香氏、そして本書執筆の機会を頂き、いつも締切ギリギリの状態でありながら確実に形にして頂いた株式会社青林堂の蟹江幹彦氏、渡辺レイ子氏、上原隆男氏に深く感謝申し上げる。

2019年 仲夏 自宅書斎にて 新田龍

ブラックユニオン

令和元年 7 月 26日　初 版 発 行

著者　新田龍
発行人　蟹江幹彦
発行所　株式会社　青林堂
〒150-0002　東京都渋谷区渋谷 3-7-6
電話　03-5468-7769
装幀　(有) アニー
印刷所　中央精版印刷株式会社

Printed in Japan
©Ryo Nitta　2019
落丁本・乱丁本はお取り替えいたします。
本作品の内容の一部あるいは全部を、著作権者の許諾なく、転載、複写、複製、公衆送信（放送、有線放送、インターネットへのアップロード）、翻訳、翻案等を行なうことは、著作権法上の例外を除き、法律で禁じられています。これらの行為を行なった場合、法律により刑事罰が科せられる可能性があります。

ISBN 978-4-7926-0652-7

ジャパニズム

偶数月
10日発売

矢作直樹　小川榮太郎　安積明子　千葉麗子
赤尾由美　佐藤守　江崎道朗　小名木善行
保江邦夫　坂東忠信　新田龍　他

定価926円（税抜）

日本歴史通覧
天皇の日本史

矢作直樹

定価1600円（税抜）

平成記

小川榮太郎

定価1800円（税抜）

親の「死体」と生きる若者たち
山田孝明
定価1400円（税抜）

世界は日本が大スキ！
和田政宗
定価1200円（税抜）

子供たちに伝えたい「本当の日本」
神谷宗幣
定価1400円（税抜）